High-quality Development of

China's Industrial Chain under

the New Development Pattern

杨 婷 —— 著 | # 新发展格局下
中国产业链的
高质量发展

经济管理出版社

ECONOMY & MANAGEMENT PUBLISHING HOUSE

图书在版编目（CIP）数据

新发展格局下中国产业链的高质量发展/杨婷著 . —北京：经济管理出版社，2023.4
ISBN 978-7-5096-8981-3

Ⅰ.①新… Ⅱ.①杨… Ⅲ.①产业链—产业发展—研究—中国 Ⅳ.①F269.2

中国国家版本馆 CIP 数据核字（2023）第 060772 号

组稿编辑：丁慧敏
责任编辑：丁慧敏
责任印制：黄章平
责任校对：王淑卿

出版发行：经济管理出版社
　　　　　（北京市海淀区北蜂窝 8 号中雅大厦 A 座 11 层　100038）
网　　址：www.E-mp.com.cn
电　　话：（010）51915602
印　　刷：唐山玺诚印务有限公司
经　　销：新华书店
开　　本：720mm×1000mm/16
印　　张：16.75
字　　数：240 千字
版　　次：2023 年 4 月第 1 版　　2023 年 4 月第 1 次印刷
书　　号：ISBN 978-7-5096-8981-3
定　　价：88.00 元

序

从国际来看，世界百年未有之大变局进入加速演变期，新冠肺炎疫情大流行影响广泛且深远，经济全球化遭遇逆流，国际经济、科技、文化、安全、政治等格局都在深刻调整，中国发展的外部环境日趋错综复杂。从国内来看，中华民族伟大复兴进入关键时期，我国社会主要矛盾发生变化，经济由高速度增长阶段转向高质量发展阶段，继续发展具有多方面的优势和条件，但也面临不少困难和挑战。党的十九届五中全会提出："全党要统筹中华民族伟大复兴战略全局和世界百年未有之大变局，深刻认识我国社会主要矛盾变化带来的新特征新要求，深刻认识错综复杂的国际环境带来的新矛盾新挑战，增强机遇意识和风险意识，立足社会主义初级阶段基本国情，保持战略定力，办好自己的事，认识和把握发展规律，发扬斗争精神，树立底线思维，准确识变、科学应变、主动求变，善于在危机中育先机、于变局中开新局，抓住机遇，应对挑战，趋利避害，奋勇前进。"

构建新发展格局明确了我国经济现代化的路径选择。构建以国内大循环为主体、国内国际双循环相互促进的新发展格局，是党中央深刻把握我国发展阶段、环境、条件变化，特别是基于我国比较优势变化作出的重大决策,是把握发展主动权的战略性先手棋。2020年4月10日,习近平总书记在中央财经委员会第七次会议上,首次提出构建以国内大循环为主体、国内国际双循环相互促进的新发展格局。随后,在国内外多个重要场合,习近平总书记对构建新发展格局的重大意义和政策取向进行了深入阐释。2020年10月,党的十九届五中全会正式将构建新发展格局写入《中共中央关于制定国民经济和社会发展第十四个五年规划和二〇三五年远景目标的建议》,并作出一系列重大部署。2021年1月11日,习近平总书记在省部级主要领导干部学习贯彻党的十九届五中全会精神专题研讨班上讲话时指出:"进入新发展阶段明确了我国发展的历史方位,贯彻新发展理念明确了我国现代化建设的指导原则,构建新发展格局明确了我国经济现代化的路径选择。"

高质量发展是全面建设社会主义现代化国家的首要任务。2022年1月,习近平总书记在省部级主要领导干部学习贯彻党的十九届六中全会精神专题研讨班上讲话时指出:"党的百年奋斗历程告诉我们,党和人民事业能不能沿着正确方向前进,取决于我们能否准确认识和把握社会主要矛盾、确定中心任务。什么时候社会主要矛盾和中心任务判断准确,党和人民事业就顺利发展,否则党和人民事业就会遭受挫折。"2022年10月,党的二十大报告明确提出:"从现在起,中国共产党的中心任务就是团结带领全国各族人民全面建成社会主义现代化强国、实现第二个百年奋斗目标,以中国式现代化全面推进中华民族伟大复兴。"中国式现代化是人口规模巨大的现代化,是全体人民共同富裕的现代化,是物质文明和精神文明相协调的现代化,是人与自然和谐共生的现代化,是走和平发展道路的现代化。中国式现代化既切合中国实际,体现了社会主义建设规律,也体现了人类社会发展规律。要完成中心任务,首要工作是什么?党的二十大报告提出:"高质量发展是全面建设社会主义现代化国家的首要任务。发展是党执政兴国的第一要务。没有坚实的物质技术基础，就不可能全面建成社会主义现代化强国。必须完整、准确、全面贯彻新发展理念，坚持社会主义市场经济改革方向，坚持高水平对外开放，加快构建以国内大循环为主体、国内国际双循环相互促进的新发展格局。""我们要坚持以推动高质量发展为主题，把实施扩大内需战略同深化供给侧结构性改革有机结合起来，增强国内大循环内生动力和可靠性，提升国际循环质量和水平，加快建设现代化经济体系，着力提高全要素生产率，着力提升产业链供应链韧性和安全水平。"

我国是一个发展中大国，确保产业链、供应链的稳定和安全，是大国经济必须具备的重要特征。党的二十大报告提出："国家安全是民族复兴的根基，社会稳定是国家强盛的前提。必须坚定不移贯彻总体国家安全观，把维护国家安全贯穿党和国家工作各方面全过程，确保国家安全和社会稳定。""增强维护国家安全能力。""坚定维护国家政权安全、制度安全、意识形态安全，加强重点领域安全能力建设，确保粮食、能源资源、重要产业链供应链安全。"近年来，国际经济、政治格局日益复杂多变，世界进入动荡变革期，西方主要国家民粹主义盛行、贸易保护主义抬头，经济全球化遭遇逆流。新冠肺炎疫情使全球百年未有之大变局加速演变，疫情对全球供应链、产业链中某些产业带来了"断链"冲击，动摇了原本主要从成本和市场角度去考虑构建的集中度较高的全球化供应链体系，国家和企业纷纷从安全性、抗风险能力、多元化等维度重新审视其产业链、供应链，进一步加剧了全球范围内供应链、产业链的本土化、区域化和多元化趋势。在此背景下，党中央提出的构建以国内大循环为主体、国内国际双循环相互促进的新发展格局的重大科学判断和重要战略选择，既是我国应对全球生产布局重构的被动需求，也是推动中国产业链升级、实现高质量发展的主动应对。

新发展格局要求产业链的高质量发展必须具备以下四个特征：一是产业链各环节畅通；二是产业链稳定和完整；三是具有较高的创新水平；四是重点产业链自主可控。构建新发展格局最本质的特征是实现高水平的自立自强。当前，我国经济发展环境出现了变化，特别是生产要素相对优势出现了变化。劳动力成本在逐步上升，资源环境承载能力达到了瓶颈，旧的生产函数组合方式已经难以持续，科学技术的重要性全面上升。在这种情况下，我们必须更加强调自主创新，将科技自立自强作为国家发展的战略支撑。中国发展离不开世界，世界发展也需要中国。一方面我们要自力更生，走适合中国国情的科技创新路子，提高自主创新能力和水平，着力解决"卡脖子"问题，提高产业链、供应链现代化水平，实现高质量发展；另一方面要以更加开放的观念和举措推进国际科技交流与合作，走开放互惠的国际科技合作之路，积极融入全球创新网络，与世界分享中国科技创新成果，为推动构建人类命运共同体做出更大贡献。

目　录

国家篇

企业篇

西安实践篇

国家篇

当前和今后一个时期，我国发展仍然处于重要战略机遇期，但机遇和挑战都有新的发展变化。当今世界正经历百年未有之大变局，新一轮科技革命和产业变革深入发展，国际力量对比深刻调整，和平与发展仍然是时代主题，人类命运共同体理念深入人心。同时，国际环境日趋复杂，不稳定性、不确定性明显增加，新冠肺炎疫情影响广泛深远，世界经济陷入低迷期，经济全球化遭遇逆流，全球能源供需版图深刻变革，国际经济政治格局复杂多变，世界进入动荡变革期，单边主义、保护主义、霸权主义对世界和平与发展构成威胁。

我国已转向高质量发展阶段，制度优势显著，治理效能提升，经济长期向好，物质基础雄厚，人力资源丰富，市场空间广阔，发展韧性强劲，社会大局稳定，继续发展具有多方面优势和条件。同时，我国发展不平衡不充分问题仍然突出，重点领域的关键环节改革任务仍然艰巨，创新能力不适应高质量发展要求，农业基础还不稳固，城乡区域发展和收入分配差距较大，生态环保任重道远，民生保障存在短板，社会治理还有弱项。

必须统筹中华民族伟大复兴战略全局和世界百年未有之大变局，深刻认识我国社会主要矛盾变化带来的新特征、新要求，深刻认识错综复杂的国际环境带来的新矛盾、新挑战，增强机遇意识和风险意识，立足社会主义初级阶段基本国情，保持战略定力，办好自己的事，认识和把握发展规律，发扬斗争精神，增强斗争本领，树立底线思维，准确识变、科学应变、主动求变，善于在危机中育先机、于变局中开新局，抓住机遇，应对挑战，趋利避害，奋勇前进。

——摘自《中华人民共和国国民经济和社会发展第十四个五年规划和2035年远景目标纲要》。

1　新环境：危与机并存、
危中有机、危可转机

2022 年第 17 期《求是》杂志刊发了习近平总书记 2020 年 10 月
29 日在党的十九届五中全会第二次全体会议上的重要讲话《新发展阶
段贯彻新发展理念必然要求构建新发展格局》。在这篇重要讲话中，习
近平总书记作出了"当前和今后一个时期，我国发展仍然处于重要战
略机遇期"这一重大判断。"从国际看，世界百年未有之大变局进入
加速演变期，国际环境日趋错综复杂。"主要表现在：一方面，和平与
发展仍然是时代主题，新一轮科技革命和产业变革深入发展，国际力
量对比深刻调整，人类命运共同体理念深入人心。另一方面，国际形
势的不稳定性、不确定性明显增加，新冠肺炎疫情大流行影响广泛深
远，经济全球化遭遇逆流，民粹主义、排外主义抬头，单边主义、保
护主义、霸权主义对世界和平与发展构成威胁，国际经济、科技、文
化、安全、政治等格局都在发生深刻复杂变化。"从国内看，我国继续
发展具有多方面优势和条件，也面临不少困难和挑战。""关键是要用
全面、辩证、长远的眼光看问题，积极拓展发展新空间。"总书记提出
了"三个深刻认识"：一要深刻认识社会主要矛盾变化，增强解决发

展不平衡不充分问题的系统性（见图1-1）。二要深刻认识人民对美好生活的向往，增强解决发展不平衡不充分问题的针对性。三要深刻认识经济长期向好的基本面，增强解决发展不平衡不充分问题的信心。面对前所未有的困难，总书记特别强调，"我国经济长期向好的基本面没有改变"，进一步指出：党的坚强领导，我国社会主义制度能够集中力量办大事的制度优势，是实现经济行稳致远、社会安定的根本保证。长期以来，我国积累的雄厚物质基础、丰富人力资源、完整产业体系、强大科技实力，以及我国作为全球最大、最有潜力的市场，是我们推动经济发展和抵御外部风险的根本依托。面对不断发展变化的机遇和挑战，我们要增强机遇意识、风险意识，准确识变、科学应变、主动求变，勇于开顶风船，善于化危为机，为全面建设社会主义现代化国家开好局、起好步。

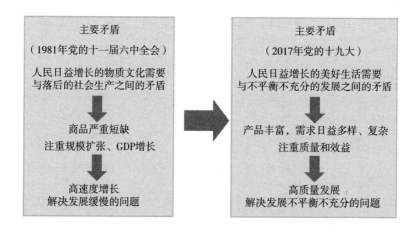

图1-1 社会主要矛盾变化

1.1 世界工厂与世界市场

中国是世界工厂（见表1-1）。在传统的国际大三角形分工格局中，中国是生产、制造基地，中东、俄罗斯提供能源，发达国家主要发展金融、研发设计、高端制造等。2021年，中国汽车产量2652.9万辆，占世界总产量的31%，连续13年居全球第一位；造船完工量3970.3万载重吨，占世界比重的47.2%；中国为世界生产了3594亿块集成电路（同比增长37.5%），36.6万套工业机器人（同比增长44.9%）。中国生产了全球60%以上的手机、超过70%的笔记本电脑、33.9%的液晶电视、超过60%的家电。中国猪肉产量占全球比重接近50%，拥有全世界80%的大棚，生产了全世界60%的蔬菜、50%的苹果和70%的荔枝……

表1-1 世界主要国家和地区的GDP占世界的份额　　　　　单位：%

年份	1820	1870	1913	1950	1973	1998	2018	2020
英国	5.2	9.1	8.3	6.5	4.2	3.3	3	3.2
德国	3.8	6.5	8.8	5.0	5.9	4.3	5	4.49
西欧合计	23.6	33.6	33.5	26.3	25.7	20.6	—	—
苏联	5.4	7.6	8.6	9.6	9.4	—	—	—
美国	1.8	8.9	19.1	27.3	22.0	21.9	24	24.72
日本	3.0	2.3	2.6	3.0	7.7	7.7	6	5.96
中国	32.9	17.2	8.9	4.5	4.6	11.5	16	17.38
印度	16	12.2	7.6	4.2	3.1	5.0	3	3.1
亚洲合计（不包括日本）	56.2	36	21.9	15.5	16.4	29.5	—	—

资料来源：1820~1998年数据来自麦迪森著《世界经济千年史》，2018年、2020年数据来自经济合作与发展组织（Organization for Economic Co-operation and Development，OECD）统计。

2021 年中国 GDP 约为美国的 77%，一些国际组织预计中国经济将在 2030 年左右实现对美赶超（见图 1-2）。

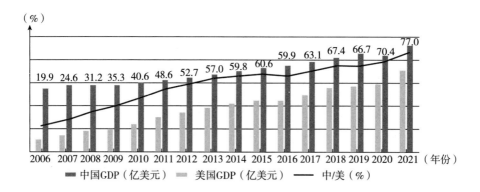

图 1-2　中国 GDP 占美国比重

中国使全球消费版图发生深刻变化。到 2030 年，在中国和亚洲新兴经济体的引领下，发展中国家/地区可能占据超过一半的全球消费。根据有关预测，到 2030 年，全球总消费中将会有超过一半（51%）的市场规模来自发展中国家经济体，其中仅中国就贡献全球 16% 的市场份额（见图 1-3、图 1-4），到 2035 年，这一比例还将持续增加。

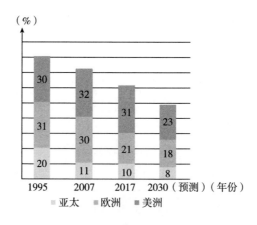

图 1-3　1995~2030 年发达经济体的全球消费份额按地区统计

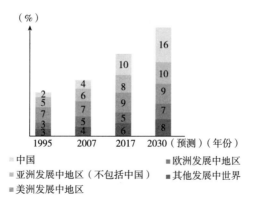

图1-4 1995~2030年发展中经济体的全球消费份额按地区统计

资料来源：麦肯锡全球研究院：《变革中的全球化：贸易及价值链的未来图景2019》。

1.2 西方再工业化与中美贸易摩擦

在国际金融危机的打击下，全球虚拟经济受到重创，发达国家纷纷提出"再工业化"战略，大力发展高新技术产业，积极抢占全球产业、价值链的战略制高点。美国于2012年2月颁布《先进制造业国家战略计划》，通过贸易、投资、税收等方面的一系列优惠措施，吸引美国在海外的制造基地回迁，解决美国工人的就业和产业空心化问题。但这并不是简单的产业回流，回迁的制造业通过信息化和智能化升级，都转变为了高端智能制造业，处于产业链和价值链的顶端。德国于2013年4月推出了"德国工业4.0战略"，旨在通过信息物理系统（Cyber Physical System）将产业链中的开发设计、生产制造、物流销售等环节实现智能化无缝衔接，其核心包括"智能工厂、智能生产、智能物流"，智能化也代表了国际高端制造业的未来发展方向。英国于

2013 年 10 月推出"英国工业 2050 战略",实施优惠政策鼓励高端制造业回迁。一方面,发达国家的"再工业化"战略为国际产业格局调整带来了新的契机。另一方面,东南亚、南亚、非洲及拉丁美洲的广大发展中国家,凭借丰富的廉价劳动力资源、日益完善的基础设施建设和不断健全的法律政策保障,日益成为发达国家产业转移的新宠。由于全球经济复苏乏力和国际贸易萎靡不振的大环境,发展中国家对承接国际产业转移以及在传统国际市场中的竞争达到了白热化程度。

中国、美国的经济规模差距自 2008 年起快速缩小,经过十几年的发展,中美经济规模比例由约 40% 变为约 80%。随着中国的发展,美国对中国的战略定位也不断改变。2010 年颁布的《国家安全战略报告》中,将"重振美国"和"领导世界"作为中心目标。2017 年 12 月 18 日美国公布了特朗普任内首份《国家安全战略报告》,延续了奥巴马提出的"重振美国"思路,进一步提出"美国第一""让美国再次伟大"。特朗普政府首度将中国放在"三股挑战势力"之首,并将中国明确定位为"竞争对手",宣称将"把美国国家实力的全部要素——政治、经济和军事——结合起来以在竞争中取胜"。2018 年 3 月美国对华贸易摩擦正式开始。2021 年拜登上台,拜登政府对华政策在很大程度上仍然承袭了特朗普政府的对华政策,只是重点和策略有所调整,将原来以"竞争、对抗与合作"为核心的美国对华政策,修订为"竞争、围堵与投资",竞争仍然是主要方向。2022 年 10 月 12 日美国发布正式《国家安全战略报告》,将中国视为美国面临的"最大地缘政治挑战"。"中国是唯一一个既具有重塑国际秩序的意图,又具有越来越多的经济、外交、军事和技术力量来推进这一目标的竞争对手。"

2018 年以来,中美贸易摩擦明显升级。中美贸易摩擦中,美国对我国征税行业涉及航空航天、信息和通信技术、机器人、机械等,而这与中国制造强国战略十大领域（新一代信息技术产业、高档数控机床和机器人、航空航天装备、海洋工程装备及高技术船舶、先进轨道交通装备、节能与新能源汽车、电力装备、农机装备、新材料、生物医药及高性能医疗器械）高度重叠。一方面，美国把国内法置于国际法之上，公然违反世界贸易组织规则，对中国出口商品加征关税。另一方面，美国加大力度在科技方面与中国脱钩，中国企业、高校、科研机构等被美国列入各种"清单"目录。例如，美国将我国500多家企业列入实体清单、军事目录，涉及信息通信、航空航天、机械、金融等领域。同时，对中国进行模式打压。美国在发起对华贸易摩擦时施展出舆论战、关税战、科技战等组合拳，究其动机，就是要通过舆论战把中国发展模式污名化，通过关税战、科技战等逼迫中国改变原有发展模式。

1.3 世界百年未有之大变局加速演变

量化宽松货币政策可能带来的高债务不稳定性使得整个世界经济不确定性增加，疫情加速新一轮科技革命和产业变革步伐，全球供应链格局面临重塑。疫情所引起的供应链断链，使得原料、大宗商品价格高涨，全球生产供应短缺，很多国家纷纷提出要构建关键产品、关键技术的本土供应链系统，跨国公司的全球产业布局也开始关注经济发展与安全，这些都促使供应链本土化、区域化加剧。

根据世界银行2019年全球产业链发展报告，2000~2017年，中国在全球供应链的位置上，已经取代了日本成为亚太区域的核心，也在一定程度上取代美欧之间供应链直接联系（见图1-5）。

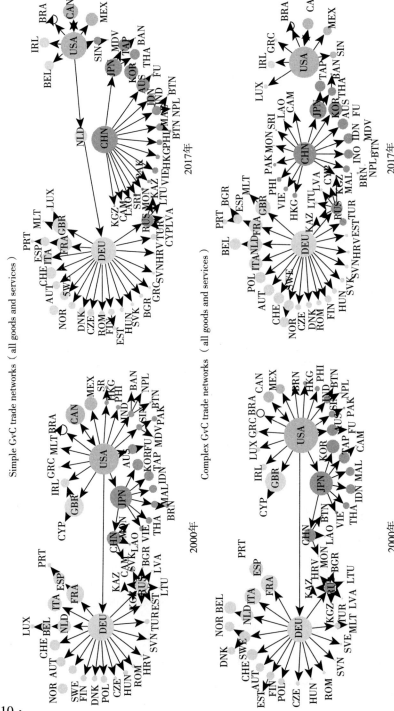

图1-5 全球价值链交易网络

然而，受民族主义、国家安全、意识形态等因素影响，以供应链本土化、制造业回流为特征的逆全球化在部分国家和地区成为浪潮，特别是本轮新冠肺炎疫情更是凸显了产业外迁带来的全球供应链风险。中国作为全球制造业供应链的枢纽，疫情的蔓延在一定程度上打乱了全球供应链，随着疫情进一步在欧盟、美国等主要经济体蔓延，在生产资料供应、资本供给和最终消费市场三个方面都会对全球供应链产生极大的冲击。未来主要经济体、跨国公司将进一步调整其产业布局，在"市场开放优势"与"国家安全需要"之间找寻新的平衡，进一步增强其产业安全性和抗风险能力。全球产业链、供应链分散化、多中心化趋势进一步加强，北美、欧洲、东亚三大生产网络的内部循环会进一步强化，原有的"大三角循环"分工格局将发生重大调整。

1.4 开放性"全球模式"转向区域化"俱乐部"模式

大国博弈主导的技术民族主义再现。美国供应链产业链去中国化。美国部分产业链开始向东盟、印度转移，美国通过印太战略，发展越南、印度供应链。美国联合其盟友国家，排除华为 5G 通信设备……就半导体产业而言，半导体产业本身国际化程度非常高，高端设计环节在美国，材料环节在日本、韩国、欧洲，中国负责封装、测试，中国台湾代工，同时参与整个产业链的还有东南亚相关国家，全球合作高度国际化，但当前由于技术民族主义风潮，大国之间开启了半导体产业的"军备竞赛"，纷纷建立自己的半导体全产业链。美国对半导体技术投资 1100 亿美元。欧盟投入 1450 亿欧元，弥补欧洲半导体生产短板。日本掌控半导体核心材料，投入数十亿美元在日本建立先进的芯片制造工厂。韩国也在扩大半导体产能。

全球产业链、供应链面临重塑。IMF 警告全球供应链"噩梦"的文章称，目前全球陷入供应链紊乱泥潭，"电脑芯片短缺，史诗级的港口拥堵，卡车司机严重缺乏，脆弱的供应链正承受着极大的压力"；2021 年 6 月 8 日美国发布了针对半导体、大容量电池、关键矿产和药物四大关键产品供应链百日审查结果；欧盟计划打造芯片制造"生态系统"，计划投资 1459 亿欧元提升欧洲芯片产能；台积电和索尼将在日本共建半导体工厂……受多种因素共同作用，之前优势互补的全球供应链"铁三角"分工格局越来越趋向本地化、多元化、阵营化。在全球化背景下所形成的传统"铁三角"分工格局中，美、欧、日、韩主要发展高科技产业、现代服务业和以关键核心零部件为主的先进制造业；中国、东盟着力发展以组装加工和基础零部件生产为主的劳动密集型产业；中东、俄、澳、南美为全球供应链提供能源、矿产资源等原材料。供应链本地化趋势主要表现为：发达国家实施再工业化战略推动制造业回流。供应链多元化趋势主要表现为：一方面，劳动密集型制造业部分开始从我国外迁至东南亚、印度等地；另一方面，跨国公司多元化全球布局其生产基地，出现中国+N、中国+1。供应链阵营化趋势主要表现为：以相同价值观为基础，以经济政治化为条件形成的排除异己的产业链供应链朋友圈。例如，美国拉拢欧洲、日本、韩国、中国台湾建立半导体技术联盟；搞印太战略，拉拢东盟、印度建立供应链；欧洲大搞绿色能源技术。

1.5 小结 中国制造业发展面临新挑战

随着先进制造业成为全球主要经济体竞争的制高点，发达经济体"再工业化"使得高端制造业"逆向回流"，新兴经济体中低端制造承接力强化，技术民族主义兴起、贸易保护主义抬头、中美贸易摩擦长期指向"中国制造强国战略"，新冠肺炎疫情加速世界百年未有之大变局演进，当前国际形势变化对我国制造业的发展主要有以下三个方面的影响。影响一：限制高端制造业和高精尖产业。①极力打压中国制造强国战略中的重点方向。②加大对中国半导体、人工智能、生物医药等高精尖产业的封锁力度等。影响二：对传统制造业带来挤压效应。与美国当前实施的政策相比，我国税负成本、能源价格和营商环境等均不再具有比较优势，未来将对我国本土制造业发展形成挤压效应。影响三：阻碍我国企业的全球化进程。①进一步增强美国外国投资委员会（CFIUS）的权利，限制企业对外投资和对外技术贸易。②通过《瓦森纳协定》等，联合盟友共同限制甚至阻碍我国企业的全球并购和战略布局。基于此，我国制造业面临向全球价值链中高端跃升的迫切需要。

2　新特征：爬坡上坎、
深刻转型的关键期

当今世界正经历百年未有之大变局，新冠肺炎疫情全球大流行使这个百年未有之大变局加速演进，经济全球化遭遇逆流，保护主义、单边主义上升，世界经济低迷，国际贸易和投资大幅萎缩，国际经济、科技、文化、安全、政治等格局都在发生深刻调整，世界进入动荡变革期。我国正处于实现中华民族伟大复兴的关键时期，经济正由高速增长阶段转向高质量发展阶段。经济长期向好，市场空间广阔，发展韧性强劲，正在形成以国内大循环为主体、国内国际双循环相互促进的新发展格局。我国经济正处在转变发展方式、优化经济结构、转换增长动力的攻关期。

2.1　新的历史起点

实现中华民族伟大复兴的中国梦是习近平总书记在中国共产党第

十九次全国代表大会报告上提出的。中华民族伟大复兴的中国梦是以习近平同志为核心的党中央提出的重大战略思想，是党和国家面向未来的政治宣言。它着眼于坚持和发展中国特色社会主义，体现了中国共产党高度的历史担当和使命追求。综合分析国际国内形势和我国发展条件，从 2020 年到 21 世纪中叶可以分两个阶段来安排。第一阶段，2020～2035 年，在全面建成小康社会的基础上，再奋斗 15 年，基本实现社会主义现代化。第二阶段，2035 年到 21 世纪中叶，在基本实现现代化的基础上，再奋斗 15 年，把我国建设成富强民主文明和谐美丽的社会主义现代化强国。当前我国已全面建成小康社会，实现了第一个百年奋斗目标，正乘势而上开启全面建设社会主义现代化国家新征程，向第二个百年奋斗目标进军。

党的二十大报告指出："我们完成脱贫攻坚、全面建成小康社会的历史任务，实现第一个百年奋斗目标。"国家统计局近日发布的我国经济社会发展成就报告显示，我国经济持续较快发展，经济增速大大高于世界平均水平，经济总量稳居世界第 2 位，制造大国地位日益巩固，贸易大国地位不断提升，经济实力显著增强。2013～2021 年，我国经济年均增长 6.6%，大大高于 2.6% 的同期世界平均增速，也高于 3.7% 的发展中经济体平均增速，经济增长率居世界主要经济体前列。2020 年，面对新冠肺炎疫情严重冲击，我国经济增长 2.2%，是主要经济体中唯一保持正增长的国家。2013～2021 年，我国对世界经济增长的平均贡献率达到 38.6%，超过 G7 国家贡献率的总和，是推动世界经济增长的第一动力。

2012 年以来，我国国内生产总值（GDP）稳居世界第 2 位，占世界经济总量比重逐年上升。2021 年我国 GDP 达 17.7 万亿美元，占世界比重达到 18.5%，比 2012 年提高了 7.2 个百分点。我国经济总量与美国的差距明显缩小，且远远高于日本等世界主要经济体。2021年我国GDP相当于美国的77.1%，比2012年提高了24.6个百分点，是日本的3.6倍、印度的5.6倍。

数据显示，2020年我国对外贸易总额由2012年的4.4万亿美元升至5.3万亿美元，首超美国成为全球第一大贸易国。2021年，我国对外贸易总额增至6.9万亿美元，继续保持世界第一。2021年，我国货物贸易额由2012年的3.9万亿美元升至6.1万亿美元，占世界比重升至13.5%，较2012年提升3.1个百分点。2013年，我国货物贸易额首超美国，居世界第1位。自此以后，除2016年由于美元升值，我国以美元计价的货物进出口总额被美国超过外，其余年份均稳居世界第1位。2012年以来，我国对外服务贸易额逐年增长。2012年我国对外服务贸易总额居世界第4位，2014~2021年一直稳居世界第2位。2021年，我国对外服务贸易总额达8212亿美元，占世界比重升至7.2%，较2012年提升1.8个百分点。

我国吸引外商直接投资稳步增长，使用外商直接投资居世界前列。数据显示，我国实际使用外商直接投资由2012年的1133亿美元升至2021年的1735亿美元，年均增长4.8%，自2020年起稳居世界第2位。

党的二十大报告指出："从现在起，中国共产党的中心任务就是团结带领全国各族人民全面建成社会主义现代化强国、实现第二个百年奋斗目标，以中国式现代化全面推进中华民族伟大复兴。"关于要实现什么样的现代化，习近平总书记明确指出，中国式现代化具有五大特征：第一点，我国现代化是人口规模巨大的现代化。我国14亿人口要整体迈入现代化社会，其规模超过现有发达国家的总和，将彻底改写现代化的世界版图，在人类历史上是一件有深远影响的大事。第二点，我国现代化是全体人民共同富裕的现代化。共同富裕是中国特色社会主义的本质要求，我国现代化坚持以人民为中心的发展思想，自觉主动解决地区差距、城乡差距、收入分配差距，促进社会公平正义，逐步实现全体人民共同富裕，坚决防止两极分化。第三点，我国现代化是物质文明和精神文明相协调的现代化。我国现代化坚持社会主义核心价值观，加强理想信念教育，弘扬中华优秀传统文化，增强人民精神力量，促进物的全面丰富和人的全面发展。第四点，我国现代化是人与自然和谐共生的现代化。我国现代化注重同步推进物质文明建设和生态文明建设，走生产发展、生活富裕、生态良好的文明发展道路，否则资源环境的压力不可承受。第五点，我国现代化是走和平发展道路的现代化。我国现代化强调同世界各国互利共赢，推动构建人类命运共同体，努力为人类和平与发展做出贡献。中国式现代化既切合中国实际，体现了社会主义建设规律，也体现了人类社会发展规律。中国式现代化的这五个特征是我国现代化建设必须坚持的方向，要在我国发展的方针政策、战略战术、政策举措、工作部署中得到体现，推动全党全国各族人民共同为之努力。

2.2 新的阶段特征

正确认识党和人民事业所处的历史方位和发展阶段，是我们党明确阶段性中心任务、制定路线方针政策的根本依据，也是我们党领导革命、建设、改革不断取得胜利的重要经验。全面建设社会主义现代化国家、基本实现社会主义现代化，既是社会主义初级阶段我国发展的要求，也是我国社会主义从初级阶段向更高阶段迈进的要求。今天我们所处的新发展阶段，是社会主义初级阶段中的一个阶段，是我国社会主义发展进程中的一个重要阶段，是全面建设社会主义现代化国家、向第二个百年奋斗目标进军的阶段。

现阶段，我们已经拥有开启新征程、实现新的更高目标的雄厚物质基础。当前，我国经济实力、科技实力、综合国力和人民生活水平跃上了新的大台阶，成为世界第二大经济体、第一大工业国、第一大货物贸易国、第一大外汇储备国，国内生产总值超过 100 万亿元，人均国内生产总值超过 1 万美元，城镇化率达到 64.72%，中等收入群体超过 4 亿人。全面建成小康社会取得伟大历史成果，解决了困扰中华民族几千年的绝对贫困问题。这在我国社会主义现代化建设进程中具有里程碑意义，为我国进入新发展阶段、朝着第二个百年奋斗目标进军奠定了坚实基础。

2010 年我国制造业增加值占世界比重首次超过美国，打破了美国独霸"世界制造大国"120 年的历史。全球 500 多种工业品中我国有 220 多种产量居世界第一（见表 2-1）。我国产业体系比较齐全、产业配套完整（工业 41 大类、207 中类、666 小类），是全世界唯一拥有联合国产业分类中全部工业门类的国家。当前，中国主要工业门类都拥有巨大的产能，能提供不同层次和位阶的产品，有能力同时在全球六大洲上百个国家，同时承接生产类基础设施建设、生活类工农文教卫体电及科技类项目建设。完备的产业体系和产业门类具有以下益处：一是能够减少工业配套生产的成本；二是有利于生产质优价廉的产品；三是可以加强国内产品在国际贸易中的竞争优势。

工业化进入中后期。我国经济发展阶段发生重要变化，主要是工业化进入中后期或者优化提质期（见图 2-1），总体上进入高端化、服务化、智能化、低碳化、现代化的阶段。

表 2-1　500 多种工业品中我国有 220 多种产量居世界第一

工业品	产量	占比
粗钢	10.4 亿吨	占世界比重 56.7%
水泥	23.8 亿吨	占世界比重 58%
电解铝	3850 万吨	占世界比重 57.2% 以上
原煤	41.3 亿吨	占世界比重 51.6%
化肥	5543.6 万吨	占世界比重 28.6%
化纤	6709 万吨	占世界比重 67%
平板玻璃	10.2 亿重量箱	占世界比重超过 50%

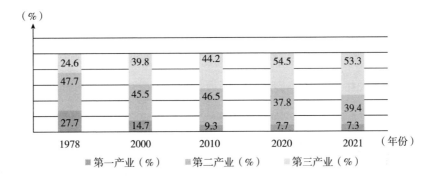

图 2-1　工业化进入中后期

城镇化进入新阶段。2021 年末我国常住人口城镇化率达 64.7%（见图 2-2），接近中高收入经济体的 65.2%，较 2020 年末提高 0.83 个百分点，但较高收入经济体的 81.3% 仍有 20 个百分点的差距。过去 40 年，中国城镇常住人口从 1.7 亿快速增至 9.1 亿，净增加 7.4 亿，城镇化率从 17.9% 提升至 64.7%，提高 46.8 个百分点，深刻地改变了中国经济社会格局。根据联合国《世界城镇化发展展望 2018》，2030 年中国城市化率将达 70.6%，2050 年将达约 80%。

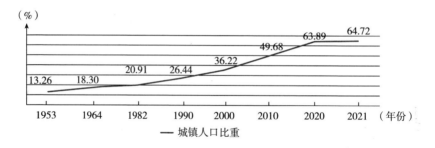

图 2-2　1953~2021 年我国城镇人口占比情况

人口老龄化进程加快。在 2020 年世界主要经济体老龄人口比重排名中，中国 65 岁及以上人口占比达到 13.5%，全球排名第 63 位（见表 2-2）。2018 年我国 60 周岁及以上人口占比为 17.9%，16 周岁以下少年儿童占比为 17.8%，我国老年人口占比首次超过少儿人口，多了 0.1%，多了 140 万人。2021 年 60 岁以上老龄人口占比 18.9%，规模为 2.67 亿人；65 岁以上占 14.2%，规模为 2.01 亿人。预计"十四五"时期，年均新增 60 岁及以上人口超过 1000 万人（"十三五"时期为 700 万人），老年人规模到 2035 年将增加到 4.2 亿，2050 年达到 5 亿左右，占比将提高到 36% 左右。借鉴日本 30 年前的发展经验，人口老龄化会导致劳动力短缺和经济增长长期乏力的问题，社会保障资金出现缺口，老年人养老和医疗需求急剧增加。

表 2-2　世界主要经济体老龄人口比重

排名	经济体	2020 年 65 岁及以上人口占比（%）
1	日本	28.40
2	意大利	23.30
3	葡萄牙	22.77
4	芬兰	22.55

续表

排名	经济体	2020 年 65 岁及以上人口占比（%）
5	希腊	22.28
6	德国	21.69
7	保加利亚	21.47
8	马耳他	21.32
9	克罗地亚	21.25
10	波多黎各	20.83
63	中国	13.50
平均水平	全球	9.30

2016~2021 年我国出生人口呈现快速下降的趋势（见图 2-3）。2021 年我国人口出生率为 7.52%，人口死亡率为 7.18%，人口自然增长率为 0.34%。2017~2021 年我国年净增人口数量分别为 779 万人、530 万人、467 万人、204 万人、48 万人。根据国家统计局对 1949 年以来历年人口净增量数据梳理发现，2021 年净增人口数量创下了近 60 年来（1962 年以来）的新低。

图 2-3 中国历年新出生人口数量

人口预期寿命更长及生育率走低，使得中国人口金字塔的形状逐渐从塔状向柱状转变（见图 2-4）。

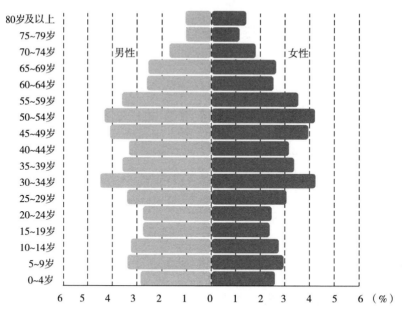

图 2-4　2020 年我国人口金字塔

消费日益高端化、多元化、网络化。2021 年我国居民人均可支配收入为 3.51 万元，比 2020 年实际增长了 8.1%，全国居民人均消费支出构成中，食品烟酒占比 29.8%，教育文化娱乐占比 10.8%，医疗保健占比 8.8%，交通通信占比 13.1%（见图 2-5）。预计到 2025 年，我国居民人均消费支出中，食品烟酒占比将下降至 26.0%，教育文化娱乐占比将达到 12.5%，医疗保健占比将达到 10.5%，交通通信占比将达到 14.5%。根据 Wealth-X 统计，2019 年中国全球高净值人群数量位居全球第二。2018 年中国奢侈品消费占到了全球市场份额的 33%（同期日本已经下降到 10%），中国每年奢侈品消费金额超过 5000 亿元。2012～2018 年连续 6 年全球奢侈品市场超过一半都来自中国，LV、古驰、爱马仕等奢侈品巨头均将中国市场视作主要市场，对中国形成强烈依赖。高端白酒、奢侈品服饰、非学历教育、豪华汽车、免税、医美、高端家电、新潮消费电子等高端品市场需求强劲。

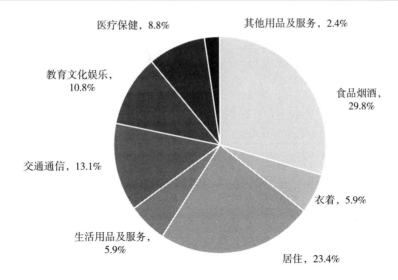

图 2-5　2021 年全国居民人均消费支出构成

2.3　坚持问题导向

2.3.1　产业转型升级面临困境

经济发展呈现"三高""三低"特点：

（1）高投入、高污染、高消耗。我国 GDP 每增长 1 美元，大约需要 5 美元的投资，资金投入成本比日本和韩国经济起飞时期要高 40%。我国单位 GDP 能耗、单位 GDP 碳排放量均高于世界平均水平（见图 2-6）。我国能源体系对化石能源依赖度高，我国化石能源活动的碳排放占全部碳排放的 85% 左右，2020 年我国煤炭在能源消费中的占比仍为 56.8%，化石能源消费绝对量远高于其他经济体，这也是我国碳排放量大的主要原因。同时我国单位 GDP 能耗高、碳排放强度大也是我国区别于其他国家的特点，2019 年我国碳排放量占世界碳排放总量的28.4%（见表2-3），单位 GDP 碳排放量为全球平均水平的 1.8 倍、美国的 3 倍、德国的 3.8 倍。

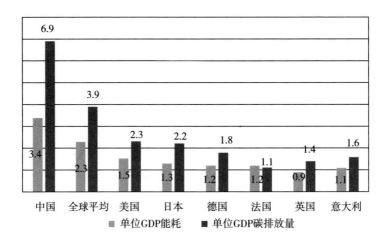

图 2-6 2019 年世界主要国家单位 GDP 能耗和单位 GDP 碳排放量

表 2-3 2019 年部分国家碳排放及占世界的比重

国家	排放量（百万吨二氧化碳当量）	占世界碳排放总量比例（%）
世界	33513	100
中国	9528.2	28.4
美国	4921.1	14.7
欧盟	3464.3	10.3
德国	696.1	2.1
法国	303.5	0.9
英国	352.4	1.1

（2）低产出、低效率、低科技含量。我国每个就业者创造的 GDP 为美国的 21%、日本的 32%。多数行业处于国际分工低端，产品附加值整体偏低，产业结构呈矮化态势，处于国际产业链的低端。全球的

500多种工业品中，我国已有220种工业品的产量居全球第一，例如，我国已经成为汽车生产大国、第二大能源生产国、世界钢产量大国，但生产的很多产品都是低端产品。

2.3.2 科技对外依存度过高

我国经济进口依存度特别是科技的进口依存度日渐攀升。新能源汽车的核心材料、汽车制造关键设备、高档数控机床的数控系统、集成电路芯片长期依赖进口。中国工程院研究显示，我国关键基础材料、核心基础零部件（元器件）、先进基础工艺、产业技术基础等对外依存度仍在50%以上；汽车产业缺芯少魂；集成电路领域PC、服务器CPU芯片以及手机等移动终端中需求量最大的存储芯片几乎完全依赖进口；人工智能领域传感器进口占比80%，传感器芯片进口占比达90%；基础材料领域32%关键材料空白，52%依赖进口；高端装备领域80%高端数控机床和90%数控系统均依靠进口。以半导体为例，目前我国中央处理器、存储器、FPGA、GPU、显示芯片、汽车芯片等对外依存度在90%以上，手机芯片对外依存度在80%以上。光刻机、刻蚀机、离子注入机、薄膜检测设备等半导体制造装备对外依存度超过70%。硅片、光刻胶、电子特种气体、光掩膜等生产半导体的关键基础材料，对外依存度均超过80%，而且进口来源国单一。当前，《科技日报》公布的"卡脖子"技术共计35项（见表2-4）。

表2-4 《科技日报》公布的"卡脖子"技术

《科技日报》2018年总结的35项"卡脖子"技术	
1. 光刻机	3. 操作系统
2. 芯片	4. 航空发动机短舱（飞机上放航空发动机的舱室）

《科技日报》2018 年总结的 35 项"卡脖子"技术	
5. 触觉传感器（工业机器人部件）	21. 光刻胶（用于芯片与面板生产）
6. 真空蒸镀机（显示面板生产工具）	22. 高压共轨系统（柴油发动机的心脏）
7. 手机射频器件（数字信号到电磁波的转换部件）	23. 透射式电镜（生命科学冷冻电镜核心部件）
8. iCLIP 技术（创新药研发关键技术）	24. 掘进机主轴承（盾构机核心部件）
9. 重型燃气轮机（舰船、火车、大型电站部件）	25. 微球（面板生产重要材料）
10. 激光雷达（自动驾驶系统部件）	26. 水下连接器（海底观测网）
11. 适航标准（航空发动机评测）	27. 燃料电池关键材料
12. 高端电阻电容	28. 高端焊接电源
13. 核心工业软件（如芯片制造的 EDA 工具）	29. 锂电池隔膜
14. ITO 靶材（各类显示器生产的耗材）	30. 医学影像设备元器件
15. 机器人核心算法	31. 超精密抛光工艺（多个制造业领域的基础技术）
16. 航空钢材（如大飞机起落架特种钢材）	32. 环氧树脂（碳纤维关键材料）
17. 特种铣刀（高铁保养铣磨车核心部件）	33. 高强度不锈钢（火箭发动机关键材料）
18. 高端轴承钢（飞机、高铁、机床等机械设备需要）	34. 数据库管理系统
19. 高压柱塞泵（液压装备部件）	35. 扫描电镜（高端电子光学仪器）
20. 航空设计软件（设计各类飞机需要）	

2.3.3 城乡区域发展差距较大

社会主义的本质是解放生产力，发展生产力，消灭剥削，消除两极分化，最终达到共同富裕。坚持以人民为中心，是习近平新时代中国特色社会主义思想的重要内容，在当前和今后一个时期，坚持以人民为中心，很重要的工作是更加积极有为地促进共同富裕。习近平总书记讲，实现共同富裕不仅是经济问题，而且是关系党的执政基础的重大政治问题。我们绝不能允许贫富差距越来越大，穷者越穷，富者越富，绝不能在富的人和穷的人之间出现一道不可逾越的鸿沟。

居民收入水平稳步提升，但人均收入差距总体上还较大。2021 年

2月25日，习近平总书记在全国脱贫攻坚总结表彰大会上庄严宣告："经过全党全国各族人民共同努力，在迎来中国共产党成立一百周年的重要时刻，我国脱贫攻坚战取得了全面胜利，现行标准下9899万农村贫困人口全部脱贫，832个贫困县全部摘帽，12.8万个贫困村全部出列，区域性整体贫困得到解决，完成了消除绝对贫困的艰巨任务，创造了又一个彪炳史册的人间奇迹！"当前，我国居民收入水平稳步提升，公共服务体系日趋完善，教育、医疗、人均寿命大幅提高，已经建成世界最大规模的社会保障体系，基本养老保险覆盖超过10亿人，基本医疗保险超过13亿人，但人均收入差距总体上还较大。2021年我国居民人均可支配收入3.5万元，比上年实际增长8.1%。其中，城镇居民人均可支配收入4.74万元，农村居民人均可支配收入1.89万元（见图2-7）。

图2-7 我国居民人均可支配收入变化

基尼系数是指国际上通用的、用于衡量一个国家或地区居民收入差距的常用指标。基尼系数最大为"1"，最小等于"0"。基尼系数越接近0，表明收入分配越趋向平等。联合国设定的警戒值是40%，即当基尼系数超过40%时，说明收入分配差距较大。2021年我国居民人均可支配收入基尼系数为0.47（见图2-8）。

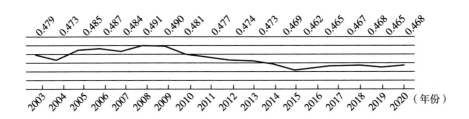

图 2-8　居民人均可支配收入基尼系数

国家统计局统计数据显示，2021年，我国20%高收入组家庭人均可支配收入（85836元）是20%低收入组家庭人均可支配收入（8333元）的10.3倍（见图2-9）。近年来，中等收入群体收入增长趋缓。

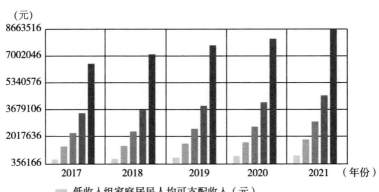

图 2-9　全国居民按收入五等份分组的人均可支配收入

国家"十四五"规划指出，我国发展不平衡不充分的问题仍然突出，城乡区域发展和收入分配差距较大，要求"优化区域经济布局、促进区域协调发展"。从经济增长看，近年来南北差距拉大，2008～2019年北方GDP在全国占比从40.4%降至35.4%，连续下滑5个百分点。2019年南方和北方经济总量占比差距由2012年的14%增长至2019年的29%（见图2-10）。从20强城市看，1978～2020年北方从11个降至5个，其中10强城市从6个降至仅剩北京1个。

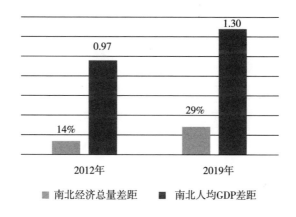

图 2-10 南方与北方经济总量及人均 GDP 差距

南方与北方之间的经济发展差距，特别是 GDP 年度增长和总量水平差距的拉大，有多方面的原因，但主要是由北方总体区情形成的在产业转型、绿色转变、市场转轨等转型转换过程中的特殊艰难曲折所导致的。相对于南方而言，北方的转型转换更为复杂、更加艰巨，所付出的成本更高，要争取增长也更具难度。

2.3.4 如何统筹发展与安全

中国油气资源、矿产资源对国外的依存度高。一些重要初级产品高度依赖进口，10多种战略资源对外依存度超过60%（见表2-5），供应来源单一且国际运输通道比较集中，成本高且风险大。2021年国内进口原油5.13亿吨，对外依存度72%，进口天然气1697.9亿立方米，对外依存度44.4%，我国铁矿石对外依存度高达88%。我国拥有全世界一半的钢铁产能，但中国铁矿石资源不足，进口高度依赖澳大利亚、巴西两个国家。由于无法控制钢铁主要原材料，致使我国钢铁产业链上游资源供应呈寡头垄断状态，必和必拓、力拓、FMG、淡水河谷四家公司掌握着铁矿的定价权，处于绝对主导地位，未来如何防止我国钢铁产业被"卡脖子"，也是我们需要着力解决的现实问题。

表2-5　我国相关战略资源对外依存度

类别	对外依存度（%）	第一进口国及比例（%）	
铁矿石	88	澳大利亚	70
铝土矿	60	几内亚	40
锰矿	82	南非	41
铜矿	70	智利	35
锂矿	85	澳大利亚	50
镍矿	83	菲律宾	60
铬铁矿	99	南非	76
钴矿	90	刚果（金）	65
锆矿	90	澳大利亚	38
石油	70	俄罗斯	15.8

我国大豆进口依存度过高。2021年我国大豆进口9651.8万吨，国内产量仅有1640万吨，进口依存度为85.5%，主要从巴西、美国、阿根廷进口（见表2-6）。我国的粮食安全战略是：以我为主，立足国内、确保产能、适度进口、科技支撑。大豆缺口大是由我国的资源禀

赋决定的，很难做出改变，因为大豆是土地密集型产品，如果按需种植，势必要挤占6亿多亩三大主粮的种植面积。所以，适度进口也是新形势下国家粮食安全的重要组成部分。因此我们要进一步明确粮食安全的工作重点，合理配置资源，集中力量首先把最基本、最重要的保住，确保谷物基本自给、口粮绝对安全。

表2-6　2021年我国大豆进口主要来源国

	数量（吨）	金额（万美元）	数量占比（%）	金额占比（%）
总计	96517754.3	5353922	—	—
巴西	58147313.8	3317712	60.2	62.0
美国	32296012.8	1691352	33.5	31.6
阿根廷	3746996.3	214717.2	3.9	4.0

2.4　小结　提升中国在全球价值链中的地位

向内看：我国社会主要矛盾发生历史性变化，发展不平衡不充分问题仍然突出，面临着结构性、体制性、周期性问题相互交织所带来的困难和挑战。向外看：世界进入动荡变革期，国际环境日趋复杂，经济全球化遭遇逆流，经贸摩擦加剧，一些国家保护主义和单边主义盛行，不稳定性、不确定性明显增强。面对复杂的国内国际形势，中国如何打破传统的国际分工模式，充分发挥比较优势和竞争优势，创建一种新型的互利共赢的国际分工体系，提高我国在全球价值链体系中的地位？

路径 1：通过提高自主创新能力实现在全球价值链体系中的攀升。实现高水平科技自立自强，一方面加大关键核心技术的科研攻关，抢占全球技术创新的制高点，从根本上解决被人"卡脖子"的问题；另一方面加快推动产业向全球产业链的高端延伸，尽快进入研发设计、供应链管理、营销服务等高端环节，主导重构全球创新链、供应链。

路径 2：主动在全球布局价值链高端环节，推动产业链和供应链转移。通过"一带一路"建设，一方面带动国内优势产能向外拓展发展空间，加强产业全球布局，利用区域合作的价值链或者生产网络来提升在全球价值链体系中的地位；另一方面通过跨境并购等方式，对产业链两端的原料、研发、品牌和市场进行全球范围内的垂直延伸和掌控，推动我国制造业向价值链高端延展。

3　新格局：危机中育先机、变局中开新局

当前和今后一个时期，我国发展仍处于重要战略机遇期，但机遇和挑战都有新的发展变化。国际层面，当今世界正经历百年未有之大变局，新一轮科技革命和产业变革深入发展，国际力量对比深刻调整，和平与发展仍然是时代主题，人类命运共同体理念深入人心，同时国际环境日趋复杂，不稳定性不确定性明显增加，新冠肺炎疫情影响广泛深远，经济全球化遭遇逆流，世界进入动荡变革期，单边主义、保护主义、霸权主义对世界和平与发展构成威胁。我国已转向高质量发展阶段，制度优势显著，治理效能提升，经济长期向好，物质基础雄厚，人力资源丰富，市场空间广阔，发展韧性强劲，社会大局稳定，继续发展具有多方面优势和条件，同时我国发展不平衡不充分问题仍然突出，重点领域关键环节改革任务仍然艰巨，创新能力不适应高质量发展要求，农业基础还不稳固，城乡区域发展和收入分配差距较大，生态环保任重道远，民生保障存在短板，社会治理还有弱项。"十四五"规划纲要明确指出，"必须统筹中华民族伟大复兴战略全局和世界百年未有之大变局"，因此我们要科学把握国内国际两个大局的互动

变化及其对我国发展环境的影响，保持战略定力，办好自己的事，树立底线思维，准确识变、科学应变、主动求变，善于在危机中育先机、于变局中开新局。

3.1　全球价值链与"双循环"新发展格局之间的内在逻辑

迈克尔·波特（Michael E. Porter，1985）在《竞争优势》中首次提出了价值链概念，指出企业产品的设计、生产、销售、运输及其他辅助环节的活动可以用一条价值链来表示，这些不同而又相互关联的环节构成了一个不断实现价值增值的动态过程。随着物流业的发展，国际分工、国际贸易、跨国公司兴起，出现了全球价值链。全球价值链是指为实现商品或服务价值而连接生产、销售、回收处理等过程的全球性跨企业网络组织，涉及从原料采购和运输，半成品和成品的生产和分销，直至最终消费和回收处理的整个过程。全球价值链使得原有的产业间的分工越来越转向产品内的国际分工。产品内国际分工是以产品为基本对象的国际分工形态，将产品生产过程中不同的工序、环节、区段拆散后，分散到具有不同竞争优势的国家和地区，针对特定的环节和工序展开专业化生产加工。但是其中每一个工序的价值增值并不一样，发达国家往往占据研发设计、品牌营销等高附加值的环节，新兴工业化国家主要集中于原材料采购、物流运输等合理利润环节，而发展中国家主要集中于附加值最低的加工组装环节。

世界历史上共出现过四次较大规模的全球制造业"梯度转移"

（见图 3-1），第一次是在 20 世纪 50 年代，美国将钢铁、纺织等传统制造业向日本、联邦德国等国转移；第二次是在 20 世纪 60~70 年代，日本、德国向"亚洲四小龙"和部分拉美国家转移轻工、纺织等劳动密集型制造业；第三次是在 20 世纪 80 年代初，欧洲、美国、日本和"亚洲四小龙"等发达国家和地区把低技术型产业向改革开放进程中的中国大陆转移，中国受益成为全球"制造中心"；第四次是在 2011 年以后，中国将部分中低端产能开始向印度、泰国、越南等新兴市场转移。

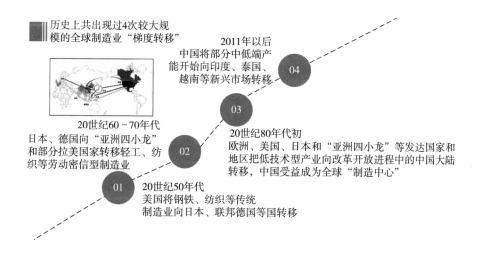

图 3-1 全球制造业的"梯度转移"

经过四次产业转移，当前全球制造业国际分工梯度格局如图 3-2 所示。全球价值链的最顶端由美国、德国所把控，韩国、日本在整个价值链中处于中高端，我们则处于中低端。当前，要提升我国在全球价值链中的地位，实现我国经济的高质量发展，加快建设制造强国，一方面，迫切要求拉长产业链、供应链长板，巩固提升优势产业的国际领先地位，锻造一些"撒手锏"技术，提升产业质量；另一方面，又要尽快补齐产业链、供应链短板，在关系国家安全的领域和节点构建自主可控、安全可靠的国内生产供应体系，确保在关键时刻可以做到自主循环，在极端情况下经济可以正常运转。

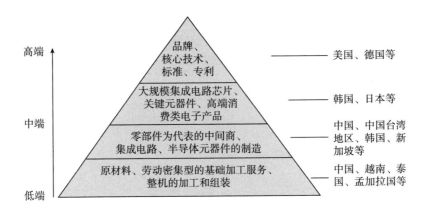

图 3-2　全球制造业国际分工梯度格局

2020 年 7 月 21 日，习近平总书记在企业家座谈会上讲话时指出"面向未来，我们要逐步形成以国内大循环为主体、国内国际双循环相互促进的新发展格局。主要考虑是：当今世界正经历百年未有之大变局，新一轮科技革命和产业变革蓬勃兴起。以前，在经济全球化深入发展的外部环境下，市场和资源'两头在外'对我国快速发展发挥了重要作用。在当前保护主义上升、世界经济低迷、全球市场萎缩的外部环境下，我们必须充分发挥国内超大规模市场优势，通过繁荣国内经济、畅通国内大循环为我国经济发展增添动力，带动世界经济复苏。要提升产业链、供应链现代化水平，大力推动科技创新，加快关键核心技术攻关，打造未来发展新优势"（见图 3-3）。

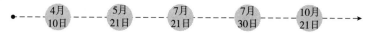

"两会"期间，习近平总书记再次强调要"逐步形成以国内大循环为主体、国内国际双循环相互促进的新发展格局"

中共中央政治局会议提出，要"加快形成以国内大循环为主体、国内国际双循环相互促进的新发展格局"

| 4月10日 | 5月21日 | 7月21日 | 7月30日 | 10月21日 |

习近平总书记在中央财经委员会第七次会议上首次提出"构建以国内大循环为主体、国内国际双循环相互促进的新发展格局"

企业家座谈会，习近平总书记进一步阐释了提出构建新发展格局的主要考虑，并强调了"大循环"与"双循环"的内在逻辑关系

2020年10月26~29日党的十九届五中全会对构建新发展格局作出全面部署

图 3-3　新发展格局的提出

2017 年 12 月 18 日中央经济工作会议上，习近平总书记指出："我国经济发展也进入了新时代，新时代我国经济发展特征，就是我在党的十九大报告中强调的，我国经济已由高速增长阶段转向高质量发展阶段。"党的二十大报告明确提出："我们要坚持以推动高质量发展为主题，把实施扩大内需战略同深化供给侧结构性改革有机结合起来，增强国内大循环内生动力和可靠性，提升国际循环质量和水平，加快建设现代化经济体系，着力提高全要素生产率，着力提升产业链供应链韧性和安全水平……""增强维护国家安全能力……确保粮食、能源资源、重要产业链供应链安全……"当前，国际经济政治格局复杂多变，美国对我国遏制打压不断升级，新冠肺炎疫情更是加速全球产业链、供应链格局向区域化、多元化调整，我国产业链、供应链的稳定和安全面临重大风险。同时，新一轮科技革命和产业变革正在重塑全球经济结构，制造业数字化、网络化、智能化转型升级加速，全球产业链、供应链竞争日趋激烈。因此，必须立足强大国内市场，加快提升产业链、供应链现代化水平，提高我国产业核心竞争力，维护我国产业链、供应链稳定和安全，加快构建以国内大循环为主体、国内

国际双循环相互促进的新发展格局，推动实现更高质量、更有效率、更加公平、更可持续、更为安全的发展。

这里需要强调的是：一方面，构建新发展格局，关键在于实现经济循环流转和产业关联畅通。根本要求是提升供给体系的创新力和关联性，解决各类"卡脖子"问题和瓶颈问题，畅通国民经济循环。另一方面，以国内大循环为主体绝不是关起门来搞封闭运行，也绝不是指国际循环不重要了，或者说国际循环重要性下降了，而是要更好发挥我国超大规模市场优势，进一步提升开放水平，通过融入国际循环促进国内循环。要用好超大规模市场优势扩大进口，促进高质量使用外资，加强科技领域开放合作，提升国内供给质量，推动供需平衡畅通，让中国经济在开放中欣欣向荣。

3.2 "双循环"新发展格局下中国产业链的升级路径

在"双循环"新发展格局下，国内国际产业链、供应链的协调、高效和安全发展是重中之重。随着产业分工持续深化，国际竞争表面上看是产品或企业之间的竞争，实质上是产业链和产业生态体系的竞争。我国是一个发展中大国，确保产业链、供应链的稳定和安全，是大国经济必须具备的重要特征。近年来，国际经济政治格局日益复杂多变，世界进入动荡变革期，西方主要国家民粹主义盛行、贸易保护主义抬头，经济全球化遭遇逆流，特别是中美经贸摩擦频发。新冠肺炎疫情使全球百年未有之大变局加速演进，疫情对全球供应链、产业链中某些产业带来了"断链"冲击，动摇了原本单纯从成本和市场角度去考虑构建的集中度较高的全球化供应链体系，国家和企业开始从安全性、抗风险能力、多元化等维度重新审视其供应链，加剧了全球范围内供应链、产业链的本土化、区域化和多元化趋势。在此背景下，党中央提出的构建以国内大循环为主体、国内国际双循环相互促进的新发展格局的重大科学判断和重要战略选择，既是我国应对全球生产布局重构的被动需求，也是推动中国产业链升级，实现高质量发展的主动应对。

构建新发展格局，无论是国内大循环还是国际大循环，关键都要构筑产业发展的新优势，提升我国产业在全球价值链中的地位。经过多年快速发展，我国已形成规模庞大、配套齐全的完备产业体系。我国制造业规模居全球首位，是全球唯一拥有联合国产业分类中全部工业门类的国家。但总体而言，我国制造业整体仍处于全球价值链中低端，产业基础能力不足，自主创新能力不强，高端和高质量供给不够，产业链、供应链还存在诸多"断点""堵点"，部分核心环节和关键技术受制于人，产业链、供应链数字化水平不高等。2019年中国工程院对26类有代表性的制造业产业进行国际比较分析，分析结果显示，中国的这些产业中，世界先进产业有6类：航天装备、新能源汽车、发电装备、钢铁、石化、建材。与世界差距大的产业有10类：飞机、航空机载设备及系统、高档数控机床与基础制造装备、机器人、高技术船舶与海洋工程装备、节能汽车、高性能医疗器械、新材料、生物医药、食品。与世界差距巨大的产业有5类：集成电路及专用设备、操作系统与工业软件、智能制造核心信息设备、航空发动机、农业装备。中国工程院还对26类制造业产业开展了产业链安全性评估，结果显示，中国制造业产业链60%安全可控，部分产业对国外依赖程度大。6

类产业自主可控，占比 23%；10 类产业安全可控，占比 38.5%；2 类产业对外依存度高，占比 7.7%；8 类产业对外依存度极高，占比 30.8%。中国产业链"卡脖子"主要在集成电路产业的光刻机、通信装备产业的高端芯片、轨道交通装备产业的轴承和运行控制系统、电力装备产业的燃气轮机热部件，以及飞机、汽车等行业的设计和仿真软件等领域。

总之，在"双循环"新发展格局背景下，要增强我国产业竞争力，提升我国在全球价值链中的地位。一要坚持创新驱动发展、全面塑造发展新优势。习近平总书记多次强调，"虽然我国经济总量跃居世界第二，但大而不强、臃肿虚胖体弱问题相当突出，主要体现在创新能力不强，这是我国这个经济大块头的'阿喀琉斯之踵'"。未来，首先要坚持创新在我国现代化建设全局中的核心地位，把科技自立自强作为国家发展的战略支撑，面向世界科技前沿、面向经济主战场、面向国家重大需求、面向人民生命健康，深入实施科教兴国战略、人才强国战略、创新驱动发展战略，完善国家创新体系。加快建设科技强国，重点在强化国家战略科技力量、提升企业技术创新能力、激发人才创新活力、完善科技创新体制机制上下功夫。二要加快发展现代产业体系、推动经济体系优化升级。当前我国制造业发展的质量和效益还有待提高，主要表现在：高端和高质量产品供给不足，自主创新能力不强，产业基础能力不强，产业链供应链还存在明显不足，部分核心环节和关键技术受制于人，产业链供应链数字化水平还有待提升……针对这些问题，下一步要坚持把发展经济着力点放在实体经济上，坚定不移建设制造强国、质量强国、网络强国、数字中国，推进产业基础高级化、产业链现代化，提高经济质量效益和核心竞争力，重点在提升产业链供应链现代化水平、发展战略性新兴产业、加快发展现代服务业、统筹推进基础设施建设、加快数字化发展上下功夫。

3.2.1　对内：努力实现高水平的科技自立自强

16 世纪以前，世界上最重要的 300 项发明和发现中，中国占了 173 项，远远超过同时代的欧洲；我国的四大发明——造纸术、指南针、印刷术、火药都是通过丝绸之路传入西方；公元 1500 年，中国超过印度，成为世界第一大经济体；公元 1820 年，中国 GDP 占到世界总量的 32.9%，远高于欧洲国家的总和，成为全球经济体系中心；唐代长安城面积超过 80 平方公里，是世界上第一个人口超过百万的国际化大都市；北宋时，伦敦、巴黎、威尼斯、佛罗伦萨的人口都不足 10 万，而我国拥有 10 万以上人口的城市有近 50 座……中国历史上一直远远领先于其他文明，为什么欧洲在 16 世纪以后诞生了近代科学，中国的科学却停留在经验阶段，最终在工业革命大门前止步不前？为何现代科学体系和技术革命每次都发生在西方而非中国？

当前，全球价值链的增长主要集中在机械、电子和交通行业，以及在这些行业拥有专长的地区：东亚、北美和西欧，这些地区的大多数国家参与复杂的全球价值链，提供先进的产品和服务，并开展创新活动。例如，全球科创中心在美国，高端制造在欧盟和日本，我国处于全球价值链的中低端，主要开展基础零部件的生产和加工组装服务，广大非洲、拉丁美洲和中亚的许多国家负责提供全球生产所需的原材料或生产供其他国家进一步加工的初级产品（见图 3-4）。

我国发展的历史经验和教训告诫我们，关键核心技术是要不来、买不来、讨不来的。坚持科技自立自强，对于我们这样一个社会主义大国而言，是立国之本和制胜之道。当前，我国经济经过 40 多年的高速增长，已进入高质量发展阶段。内外部条件的变化，使得我国原有的增长模式越来越受到制约，迫切需要转变发展方式、优化经济结构、转换增长动力。但是，我们要始终牢记，我国仍是世界上最大的发展中国家，仍处于社会主义初级阶段。解决我国社会的主要矛盾，根本途径是不断发展生产力，不断强化国家战略科技力量，提升企业技术创新能力，激发人才创新活力和完善科技创新体制机制，坚持把科技自立自强作为国家发展的战略支撑，真正掌握竞争和发展的主动权，不断满足人民日益增长的美好生活需要。

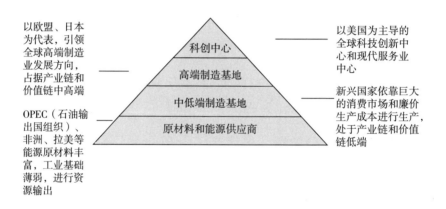

图3-4 全球价值链金字塔结构

针对很长一段时间我国科技创新领域存在的主要问题，2020年9月11日，习近平总书记在科学家座谈会上明确指出，未来我国科技创新要坚持"四个面向"。坚持面向世界科技前沿、面向经济主战场、面向国家重大需求、面向人民生命健康，不断向科学技术广度和深度进军。改善科技创新生态，激发创新创造活力，给广大科学家和科技工作者搭建施展才华的舞台，让科技创新成果源源不断涌现出来。要坚持需求导向和问题导向，对能够快速突破、及时解决问题的技术，要抓紧推进；对属于战略性、需要久久为功的技术，要提前部署。要持之以恒加强基础研究，明确我国基础研究领域方向和发展目标，加大基础研究投入，在财政、金融、税收等方面给予必要政策支持，创造有利于基础研究的良好科研生态，建立健全科学评价体系、激励机制，持续不断坚持下去。

党的二十大报告明确提出："完善科技创新体系，坚持创新在我国现代化建设全局中的核心地位，健全新型举国体制，强化国家战略科技力量，提升国家创新体系整体效能，形成具有全球竞争力的开放创新生态。加快实施创新驱动发展战略，加快实现高水平科技自立自强，以国家战略需求为导向，积聚力量进行原创性引领性科技攻关，坚决打赢关键核心技术攻坚战，加快实施一批具有战略性全局性前瞻性的国家重大科技项目，增强自主创新能力。"总之，推动科技自立自强，一方面要求我们自力更生，走适合中国国情的科技创新路子，提高自主创新能力，着力解决"卡脖子"问题，实现高质量发展；另一方面又要以更加开放的观念和举措推进国际科技交流合作，走开放互惠的国际科技合作之路，积极融入全球创新网络，与世界分享中国科技创新成果，为推动构建人类命运共同体做出更大贡献。

3.2.2 畅通国内产业循环，提升产业基础高级化和产业链现代化水平

构建新发展格局，是中央根据我国发展阶段、环境、条件变化审时度势做出的重大决策。国内国际循环是相互促进的统一整体，这是形成"双循环新发展格局"的关键。一方面，我们要着力打通制约生产、分配、流通、消费各环节的大循环梗阻，培育形成强大国内市场，提升国内大循环水平和能力，从而更好地促进国际循环。构建"国内大循环"，一要坚持扩大内需。可以通过吸引海外消费回流、培育本土

品牌、创新消费模式来实现。二要坚持科技为攻。通过产业基础再造和产业链水平提升，巩固传统产业优势、强化优势产业领先地位；大力发展新基建、数字经济（5G＋大数据、人工智能、物联网、云计算）、硬科技，加快布局未来产业，通过提升产业基础高级化和产业链现代化水平，实现关键领域、关键环节、关键产品、关键技术"自主可控""进口替代"。另一方面，推动双循环必须坚持实施更大范围、更宽领域、更深层次对外开放，要使国内市场和国际市场更好地联通，更好地利用国际国内两个市场、两种资源，通过融入国际循环更好地促进国内大循环。要用好超大规模市场优势，进一步提升开放水平，扩大进口，促进高质量使用外资，加强科技领域开放合作，提升国内供给质量，推动供需平衡畅通。从国内大循环与国内国际双循环的关系看，两者是统一体，国内循环是基础，国际市场是国内市场的延伸。国内大循环绝不是自我封闭、自给自足，也不是各地区的小循环，更不可能什么都自己做，放弃国际分工与合作。我们要坚持开放合作的双循环，通过强化开放合作，更加紧密地同世界经济联系互动，提升国内大循环的效率和水平。

当前和今后一个时期，我国经济运行面临的主要矛盾集中体现在供给侧，具体表现在：供给结构不能适应需求结构变化，产品和服务的品种、质量难以满足多层次、多样化的市场需求。究其原因，主要是产业基础能力比较薄弱，关键核心技术自主可控不强，具有全球资源整合配置能力的跨国企业数量不多，供需匹配度不高。但是，当前需求侧也存在一些不足，主要表现为：重点领域消费市场不能有效满足多层次多样化消费需求，质量和标准体系滞后于消费提质扩容需要，信用体系和消费者权益保护机制还未有效发挥作用，消费政策体系尚难以有效支撑居民消费能力提升和预期改善。针对供给侧和需求侧存在的这些问题，我们要坚持扩大内需这个战略基点，加快培育完整内需体系，将实施扩大内需战略同深化供给侧结构性改革有机结合起来，提高供给体系对国内需求的适配能力，以创新驱动、高质量供给引领和创造新需求。

产业是国民经济发展的重要支撑，产业链畅通是经济循环的重要内容，加快构建以国内大循环为主体、国内国际双循环相互促进的新发展格局，必须全力提升产业链现代化水平和竞争力。自主可控对产业链稳定有着重要意义。从软件上的操作系统、软件应用，到硬件上的芯片设计和制造工艺，一些关键领域如果不能自主可控，那么可能会极大威胁我国产业链的稳定性和安全性。新冠肺炎疫情则让我们看到了突发事件可能对产业链造成的冲击，以及全球供应链的脆弱性。疫情发生后，世界主要经济体开始纷纷反思自身的重要产业对外的依赖情况，并试图引导制造业回流，增强产业链的稳定性。党的十八大以来，习近平总书记对发展实体经济高度重视，围绕推进产业基础高级化和产业链现代化进行多次部署。2020 年 5 月 14 日召开的中共中央政治局常务委员会会议指出"要实施产业基础再造和产业链提升工程，巩固传统产业优势，强化优势产业领先地位，抓紧布局战略性新兴产业、未来产业，提升产业基础高级化、产业链现代化水平"。2020 年 7 月 21 日，习近平总书记在企业家座谈会上指出"要提升产业链供应链现代化水平，大力推动科技创新，加快关键核心技术攻关，打造未来发展新优势"。2020 年 7 月 30 日召开的中共中央政治局会议提出"要提高产业链供应链稳定性和竞争力，更加注重补短板和锻长板"。党的十九届五中全会强调，要提升产业链、供应链现代化水平，推进产业基础高级化、产业链现代化，提高经济质量效益和核心竞争力。习近平总书记在省部级主要领导干部学习贯彻党的十九届五中全会精神专题研讨班上对加快构建新发展格局进行了重要部署，特别强调要"推动我国产业转型升级，增强我国在全球产业链供应链创新链中的影响力"。

中国社会科学院研究生院臧培华认为，现代化的产业链应具备如下特征：一是技术创新自主可控。二是全球价值链治理和控制能力强。支柱产业总体处于全球价值链中高端，其中引领企业不仅能获取较高的附加值，而且能在全球范围内自主配置资源、进行资源整合。三是供应链绿色化、智能化。基于此，当前我国建设现代化产业链四大发力点是：产业链的完整性是前提，产业链的安全性是要求，产业基础高级化是核心，价值链高端化是目标。具体来讲：一要立足我国产业规模优势、配套优势和部分领域先发优势，推动传统产业高端化、智能化、绿色化升级，同时打造新兴产业链，锻造产业链供应链长板；二要实施产业基础再造工程，加大重要产品和关键核心技术攻关力度，发展先进适用技术，补齐产业链、供应链短板，推动产业链、供应链多元化；三要加强国际产业安全合作，形成具有更强创新力、更高附加值、更安全可靠的产业链供应链。

3.2.3 对外：以高水平对外开放打造国际合作竞争新优势

2018年4月10日，习近平总书记在博鳌亚洲论坛2018年年会开幕式发表主旨演讲时指出："人类社会发展的历史告诉我们，开放带来进步，封闭必然落后。世界已经成为你中有我、我中有你的地球村，各国经济社会发展日益相互联系、相互影响，推进互联互通、加快融合发展成为促进共同繁荣发展的必然选择。""过去40年中国经济发展是在开放条件下取得的，未来中国经济实现高质量发展也必须在更加开放条件下进行。"2019年11月5日，在第二届中国国际进口博览会开幕式上习近平总书记发表主旨演讲时指出："当今世界，全球价值链、供应链深入发展，你中有我、我中有你，各国经济融合是大势所趋……坚决反对保护主义、单边主义，不断削减贸易壁垒，推动全球价值链、供应链更加完善，共同培育市场需求。"2020 年 7 月 21 日，习近平总书记在企业家座谈会上发表重要讲话时强调："以国内大循环为主体，绝不是关起门来封闭运行，而是通过发挥内需潜力，使国内市场和国际市场更好联通，更好利用国际国内两个市场、两种资源，实现更加强劲可持续的发展。"一直以来，中国始终坚持对外开放的基本国策，奉行互利共赢的开放战略，遵守和维护世界贸易规则体系，推动经济全球化朝着更加开放、包容、普惠、平衡、共赢的方向发展。

建设自贸试验区是新时代推进改革开放的一项重要战略举措，目的就是一些地区、一些领域先行先试，促进形成一系列制度创新的高地。习近平总书记高度重视自由贸易区建设，强调"加快实施自由贸易区战略，是我国新一轮对外开放的重要内容"。2013 年 9 月至 2020年 9 月，中国已经分多批次批准了 21 个自贸试验区，已经初步形成了东西南北中协调、陆海统筹的开放态势，极大推动了新一轮全面开放新格局的形成。自由贸易港是当今世界最高水平的开放形态。党中央决定支持海南全岛建设自由贸易试验区，支持海南逐步探索、稳步推进中国特色自由贸易港建设，分步骤、分阶段建立自由贸易港政策和制度体系，是党中央着眼于国际国内发展大局，深入研究、统筹考虑、科学谋划做出的重大决策，是彰显我国扩大对外开放、积极推动经济全球化决心的重大举措。当前，中国的《市场准入负面清单》（见图 3-5）为广大外商投资企业营造了更加开放的市场环境，提供了更加广阔的投资空间。相信，通过持续推进开放型经济建设，实施高水平的投资自由化便利化政策，未来将有更多外资企业来华投资兴业，与中国经济实现更好的互利共赢、共同发展。

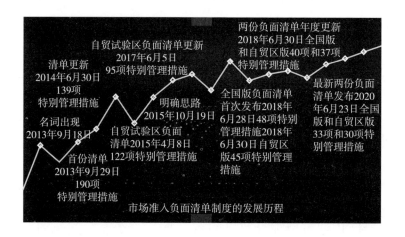

图 3-5 市场准入负面清单发展历程

高质量共建"一带一路"。2013 年 9 月 7 日，习近平总书记在哈萨克斯坦纳扎尔巴耶夫大学发表演讲"为了使我们欧亚各国经济联系更加紧密、相互合作更加深入、发展空间更加广阔，我们可以用创新的合作模式，共同建设丝绸之路经济带。这是一项造福沿途各国人民的大事业"。2013 年 10 月 3 日，习近平总书记在印度尼西亚国会发表演讲"东南亚地区自古以来就是海上丝绸之路的重要枢纽，中国愿同东盟国家加强海上合作，使用好中国政府设立的中国—东盟海上合作基金，发展好海洋合作伙伴关系，共同建设 21 世纪海上丝绸之路"。丝绸之路经济带和 21 世纪海上丝绸之路统称为"一带一路"（见图 3-6）。共建"一带一路"，秉持共商共建共享原则，推动政策沟通、设施联通、贸易畅通、资金融通、民心相通，得到国际社会广泛支持和积极参与。共建"一带一路"顺应了全球治理体系变革的内在要求，彰显了同舟共济、权责共担的命运共同体意识，为完善全球治理体系变革提供了新思路新方案。共建"一带一路"当前已成为我国参与全球开放合作、改善全球经济治理体系、促进全球共同发展繁荣、推动构建人类命运共同体的中国方案。

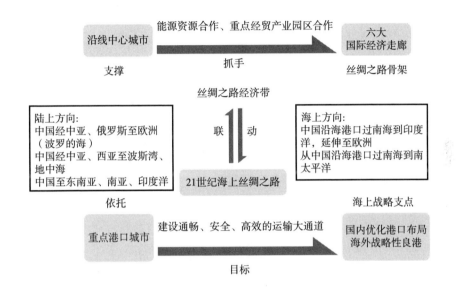

图3-6 "一带一路"建设的方向和目标

加快多边贸易谈判，继续扩大开放。中国是国际合作的倡导者和多边主义的支持者，始终坚定维护多边贸易体制，支持世界贸易组织改革，增强其有效性和权威性，促进自由贸易，反对单边主义和保护主义，保障发展中国家发展权益和空间。中国愿同更多国家商签高标准自由贸易协定。通过参与多边经贸规则谈判，一方面可以打破某些图谋；另一方面可以将这些国家和地区的科技、产业、资本和人才通过FTA规则吸引到中国来，促进中国产业链、供应链、价值链更加完整、更具韧性、更有竞争力，加深这些国家和地区与我国的经济联系，形成利益共同体。RCEP是中日之间、韩日之间签署的首个经济伙伴关系协定，已于 2022 年 1 月正式生效。协定中关于关税、原产地区域累计、投资负面清单、电子商务等规则将进一步加强区域内成员国之间的经贸联系，有利于更加灵活地进行区域内产业链供应链布局，加强区域经济合作。基于此，未来世界经济有可能形成亚太—北美—欧盟三足鼎立的局面（见表 3-1）。

表 3-1　全球主要自贸区经济数据概览

	RCEP	EU	USMCA
包含国家数量（个）	15	27	3
人口（百万人）	2262（29%）	448（6%）	493（6%）
经济总量（十亿美元）	25816（29%）	15593（18%）	24369（28%）
出口金额（十亿美元）	5481（29%）	5815（31%）	2551（13%）
进口金额（十亿美元）	4956（26%）	5532（29%）	3498（18%）
外商直接投资（十亿美元）	364（24%）	388（25%）	329（21%）
对外直接投资（十亿美元）	441（34%）	424（32%）	212（16%）
2015~2019 年平均经济增速（%）	5.2	2.3	2.4
2020~2025 年平均经济增速（%）	4.2	1.1	1.2

注：括号内为相应指标占全球的比例。

资料来源：IMF，UNCTAD，World Bank，WTO，毕马威分析。

3.2.4　加强国际产业合作，维护全球产业链供应链安全稳定

在全球价值链背景下，产业升级在一定程度上可以被视为全球价值链地位的提升。全球价值链分工出现前，产业升级发生在产业间，即从劳动力密集型产业向资本和技术密集型产业进行升级。随着国际产业间分工、国际产业内分工日益向国际产品内分工延伸，国际产业

结构调整转移日益体现为国际产品内工序环节的调整和转移。主要表现为，在全球的价值链分工体系中（见图3-7）：一方面，以发达国家为主体，由生产环节向研发设计和品牌营销环节转移；另一方面，以发展中国家为主体，在生产环节中由下游生产环节（终端的加工组装环节）向上游生产环节（关键零部件的生产环节）转移。

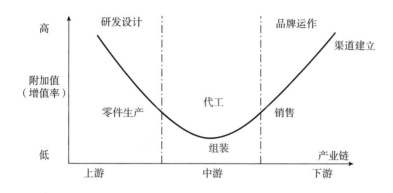

图3-7 微笑曲线

当前理应把握全球产业链供应链重构的趋势，顺势而为，因"链"施策，多维度构建合作紧密的全球产业链、供应链网络。一是抓住国内劳动密集型产业向东盟等周边国家转移的机遇，一方面向东盟国家提供发展所需的原料、设备、技术；另一方面推动国内企业向研发设计、品牌营销、售后服务等产业链两端升级，构建"中国—东盟"劳动密集型产业链。二是加强与日本、韩国、新加坡等国的合作，构建以电子信息为主导的东亚高技术产业链。三是发挥我国钢铁、有色、石化、机械等重化工产业的性价比优势，用好沿线国家的资源和市场，增强与"一带一路"沿线国家的产能合作，构建资本密集型产业链。四是总结欧美等发达国家制造业空心化教训，支持国内中西部地区精准承接东部地区产业转移，加大土地、资金、技术、人才、环境容量等政策倾斜力度，打造成本洼地，在中西部地区培育一批新兴的制造业基地，构建"东部设计—中西部加工"产业链。

重点推动与"一带一路"沿线国家的产业合作。一是深化与中东、东北亚地区的能源开发合作。通过共建油气管道，推进能源资源就地就近加工转化，形成能源资源合作上下游一体化产业链，着力开展能源资源深加工技术、装备与工程服务领域的合作。二是开辟东南亚、南亚合作新市场。珠三角地区出口额中57%为东南亚和南亚地区，在西南地区出口额中，东南亚和南亚地区占61%。珠三角城市群是世界制造中心，东南亚和南亚地区是庞大的新兴市场。两个区域间梯度差异显著、互补性强，产业梯度转移和贸易基础良好。随着共建"一带一路"的深入，珠三角地区、西南地区与东南亚、南亚地区有着重大发展合作契机。三是加大与中东欧国家高新技术领域合作。欧洲国家科技领先，创新能力突出，金融业发达，位于产业链高端环节，欧盟是对中国输出技术和设备的主要供应商。我国与中东欧国家贸易合作有着显著的"二高"特点，即技术含量高、产品附加值高，未来我国与中东欧国家贸易主要集中在技术含量较高的产业领域。同时，中东欧国家产业合作与我国环渤海和长三角地区产业有着较强的互补性，随着共建"一带一路"的深入，双方可以以贸易为基础，在深化推动高端产品领域上下游产业链和关联产业的协同发展方面开展进一步合作。四是强化与中亚地区的经贸产业合作。中亚国家属于发展中国家，处于经济社会转型时期，技术相对落后，产业结构单一，采矿业、冶金业等重工业发达，轻工业体系薄弱，出口商品以能源、矿产资源和农副产品为主。中国是全球第二大经济体，制造业发达，具有资金和技术优势，需要广阔的海外消费市场和投资市场。我国西北地区与中亚五国贸易基础好、互补性强。同时，我国西北地区对中亚国家的出口贸易额占西北地区出口总额的一半以上，其中仅与哈萨克斯坦一国的对外贸易额占西北地区贸易总额的 30% 以上。作为我国向西开放的重要窗口及通往欧亚大陆的国际门户，未来我国西北地区与中亚地区的经贸合作与产业合作将步入升级发展的快车道。

3.3 小结 系统、辩证、长远看中国经济发展

必须坚信我国经济长期向好的基本面没有变，要系统、辩证、长远地来看经济发展。中国拥有一系列难以复制的独特优势，包括全球最大的 14 亿人口体量，全球最大的国内消费需求，全球最大最全的现代制造业产业体系（工业 41 大类、207 中类、666 小类），优质的要素供给，充裕的劳动力和资本供给，全世界最先进最发达的基础设施，全球领先且创新活跃的信息技术应用市场，综合优势很突出，稳定性比较强，回旋空间也比较大。如果我们把这些优势有机结合起来，就有可能率先形成全新的智能基础设施、全新的智能生产范式、全新的智能经济发展模式，成为新一轮工业革命中制造业创新升级的策源地和引领者。

企业篇

党中央明确提出要扎实做好"六稳"工作、落实"六保"任务，各地区各部门出台了一系列保护支持市场主体的政策措施，要加大政策支持力度，激发市场主体活力，使广大市场主体不仅能够正常生存，而且能够实现更大发展。一要落实好纾困惠企政策。实施好更加积极有为的财政政策、更加稳健灵活的货币政策，增强宏观政策的针对性和时效性，继续减税降费、减租降息，确保各项纾困措施直达基层、直接惠及市场主体，强化对市场主体的金融支持，发展普惠金融，支持适销对路出口商品开拓国内市场。二要打造市场化、法治化、国际化营商环境。实施好《中华人民共和国民法典》和相关法律法规，依法平等保护国有、民营、外资等各种所有制企业产权和自主经营权，全面实施市场准入负面清单制度，实施好外商投资法，放宽市场准入，推动贸易和投资便利化。三要构建亲清政商关系。各级领导干部要了解企业家所思所想、所困所惑，涉企政策制定要多听企业家意见和建议，同时要坚决防止权钱交易、商业贿赂等问题损害政商关系和营商环境。要更多提供优质公共服务，支持企业家以恒心办恒业，扎根中国市场，深耕中国市场。四要高度重视支持个体工商户发展。积极帮助个体工商户解决租金、税费、社保、融资等方面难题，提供更直接更有效的政策帮扶。

在当前保护主义上升、世界经济低迷、全球市场萎缩的外部环境下，我们必须集中力量办好自己的事，充分发挥国内超大规模市场优势，逐步形成以国内大循环为主体、国内国际双循环相互促进的新发展格局，提升产业链供应链现代化水平，大力推动科技创新，加快关键核心技术攻关，打造未来发展新优势。以国内大循环为主体，绝不是关起门来封闭运行，而是通过发挥内需潜力，使国内市场和国际市场更好联通，更好利用国际国内两个市场、两种资源，实现更加强劲可持续的发展。从长远看，经济全球化仍是历史潮流，各国分工合作、互利共赢是长期趋势。我们要站在历史正确的一边，坚持深化改革、扩大开放，加强科技领域开放合作，推动建设开放型世界经济，推动构建人类命运共同体。

——摘自 2020 年 7 月 21 日中共中央总书记、国家主席、中央军委主席习近平在企业家座谈会上的讲话。

4 研发合作与创新绩效

随着新产品生命周期的缩短和市场竞争的加剧，面对复杂多变的市场环境和日益激烈的市场竞争，企业自主研究开发的不确定性越来越大，企业完全靠自身的力量进行技术开发、产品开发以取得竞争优势已越来越难。而且，企业自身的智力资源严重不足，智力资源的开发也需要一定的时间和较大的投入，巨额开发成本也使许多企业感到力不从心。在这种情况下，一部分企业开始探讨借脑与借智力的思路，利用企业外部的智力资源来弥补企业自身智力资源的不足。尤其是许多企业纷纷参与合作研发，企业间建立各种形式的研发联盟，共同进行技术开发与产品开发，各企业将自己优势的智力资源组合在一起，相互影响，相互作用，通过信息的交流与共享，实现优势迭加，能够达到单靠一个企业难以达到的超常目标。在企业间资源结合使整体优势集成放大的过程中，自身的独特优势也能得到进一步的培育与增强，劣势得到改进和弥补，从而使企业有限的资源发挥最大效能。随着全球竞争的日益激烈和企业之间专业分工的不断细化，围绕产品开发与技术创新活动的研发合作成为近年来企业合作的主要内容。据统计，全球信息技术领域新建立的战略联盟从 1984 年的 182 个猛增到 1994

年的 4034 个。在激烈的市场竞争中，企业如果单独进行研发活动，势必存在重复投入现象，降低了研发投入的使用效率。研发方面的大量重复投入分散了有限的研发资源，降低了研发资源的利用效率。企业在研发方面开展合作，可以集中有限资源，增加研发整体能力。

合作研发的雏形是 1917 年在英国建立的"研究协会"（Research Association）。建立研究协会这一制度的初始目的是解决第一次世界大战期间产生的各种技术问题，并试图克服技术研发中资金缺乏的困难。协会采用的组织结构是以行业为单位、主要由中小企业参与的永久联合体。此后，这种合作性的研发组织形式逐渐传播到欧洲大陆以及美国、日本等国家，并得到了不断的发展与完善。

企业取得技术的来源有两种：一种是基于企业内部的自行研发；另一种是基于企业外部的市场交易或合作研发。在市场竞争日趋激烈、消费者需求快速变化的今天，越来越多的企业开始认识到合作研发的重要性。国内外众多案例表明，合作研发可以共享有限资源，分担研发成本并有效规避风险，可以提升企业竞争力，实现合作双方的共赢。

合作研发是指两个或两个以上的独立经济行为主体，为了实现技术创新的目的联合起来，组成技术研发联盟，在这个联盟中，不同企业的优势和资源整合在一起，共担成本和风险，共享技术和知识资源，实现提高技术进步速度和效率的目的（Yukio, 1996）。从狭义上来说，合作研发就是单纯指企业与科研机构进行的临时性质的项目合作，以实现科研机构创利、企业技术进步的目的（Soon, 1995）。从广义上来说，合作研发泛指企业为了实现技术进步的目的，所参与的各种性质、各种形式的合作。这种合作既包括企业与科研机构间的合作项目，也包括企业与企业间的合作开发，既可以采取研究型合资企业的形式，也可以采取企业联盟的形式（Yukio, 1995）。合作研发的实质是不同企业在某个市场机遇将带来的预期收益的吸引下进行合作，它强调合作伙伴在新产品研发过程中共享信息、共担成本、共担风险、共同获益。

合作研发是企业之间的联合研发行为，具体包括研究网络、技术联盟和技术合资等形式。由于合作研发的目标是多个企业共同创造新的技术，因此无论是哪一种合作研发类型，都要求企业间能够进行有效的知识交流与知识共享。Hamel & Prahalad（1989）研究发现，合作伙伴间相互学习对方的知识是企业建立联盟的重要目的与动机，而 Badaracco（1991）也认为企业间隐性知识无法通过市场交易来获得，而必须通过合作联盟的方式。合作伙伴间的知识交流与学习既是联盟的目的，也是联盟形成的基础，合作伙伴之间的知识共享和组织学习机制是否高效是关系到合作效率高低，甚至成功与否的重要因素。

合作研发组织大致有两类：一类是以企业为主体的私营研发组织，往往是由同行业有研发意向的企业为某一专业技术组成研发团体，是企业间战略联盟的一种重要形式；另一类是以行业为主体的公共研发机构，往往是由科研机构为研究行业发展前沿技术而组成的研发团体，参与者涉及大学、科研机构及企业。

合作研发是组织之间战略联盟关系的重要类型，也是提高组织竞争力的重要途径之一。有数据表明，自 20 世纪 80 年代初以来，高科技产业中每年新增的研发合作占整个新增研发合作数量的 50% 以上，到 20 世纪 90 年代末已经达到 80% 以上，成为研发合作最为密集的领域。美国经济学人信息部（EIU）对 50 多家跨国企业的调查表明，大部分企业在 20 世纪 90 年代所需的技术中，有 50% 左右来源于企业外部或与外部企业合作研发的结果。合作研发战略联盟是指由两个以上创新参与者，为完成创新任务，在创新过程中形成的资源共享、优势互补、风险共担的合作创新组织。企业间形成合作研发联盟的动机包括企业间的资源和能力差异程度（Millson，1996；Balakrishnan，1986）；研发成本共担，规模效应和避免重复研发投资（Aspremont，1988；Gordon，1984；Katz，1986）；将合作伙伴的技术和能力内部化，并产生新的核心能力，实现知识共享（Prahalad，1990）等。Gamal Atallah（2002）认为，节约研发成本、实现信息共享和提高合作风险稳定性曾经是企业进行合作研发的三个重要方面，并指出对合作研发联盟的信息共享和联盟组织稳定性方面的研究还没有得到足够重视。

哈默和普拉哈拉德（Hamel & Prahalad，2001）研究发现，合作伙伴间相互学习对方的知识是企业进行合作研发的重要目的与动机。柏德罗克（Badaracco，1991）也认为企业间隐性知识无法通过市场交易来获得，而必须通过合作的方式。合作研发有效地为企业创造一个便于技术知识分享、合作的环境，通过人员交流、不同技术交叉、不同知识内化，将技术创新知识有效移植到各成员企业中，进而更新或强化企业的核心技术能力。企业作为一个学习型组织，可以通过内部的"干中学""用中学"，但其学习效率和学习速度却远低于合作研发组织的"组织合作中学""知识溢出中学"等途径。约翰（John，2001）认为合作研究的动态开放性，使组织学习层次能从单环学习方式升华到双环学习方式。

合作研发中的冲突管理是备受关注的问题。由于合作研发过程中难以评估各方投入的技术价值，很难控制各方的知识投入、转移和使用以及机会主义和道德风险的存在，导致合作研发组织的稳定性受到不同程度的影响，甚至组织解体。合作研发组织的各方都希望从这个联盟中获得好处，同时又极力保持相对程度的自主权，这就必然会导致联盟的潜在不稳定性。帕斯托和萨德尼斯（Pastor & Sandonis，2002）

研究了合作研发组织的稳定性以及成员企业背弃合作协议的原因，指出研发组织的稳定性依赖于处理好以下四个问题：组织冲突的化解、文化的协调整合、机会主义的防范以及信息不对称。塞厄特和古德曼（Cyert & Goodman，1997）针对以上四个方面提出了提高合作研发效率的途径，包括：①选择具有普遍性、易于推广、互利性的课题进行合作。②建立基于团队合作的工作小组。③建立过程监测和应变机制。④建立工作成员间的密切联系。⑤建立有效的知识传播、扩散模式。⑥建立新的组织安排。⑦充分利用信息技术进行知识传播和储存。王安宇（2003）深入分析了合作研发组织模式选择与治理机制。

古朴塔等（Gupta et al.，1996）研究表明困扰合作研发管理的一个难题是如何测度合作研发的绩效。除了从常规的财务指标（收益和成本分析）上来测度合作研发的绩效之外，道（Dou，2004）的研究选择从专利的角度来测度研发的绩效，如新增的专利和各方投入的自有技术的比值（专利技术）以及新增专利的相应市场价值。弗里曼（Freeman，1991）则从技术人员（知识员工）的流动性来分析合作研发的绩效。丹尼尔等（Daniel et al.，2002）提出了一个研究合作研发绩效与企业核心竞争力提升之间的关系模型。将合作双方对研究项目及成果的满意情况（技术质量和创新程度）作为合作研发绩效的重要评价标准。

4.1 供应链企业间的研发合作现状

影响供应链企业间研发合作绩效的因素是多方面的，很多学者分别从资源共享、知识转移与共享、组织学习等方面研究了合作绩效。其中，资源的共享意味着联结互补的、相互依赖的资源有助于企业间研发合作绩效的提升；企业组织学习能力的提升有助于企业间研发合作绩效的提升；通过有效的组织学习可以促进知识的转移与共享，从而使得合作双方可以整合有价值的知识来提升合作绩效。

本书通过文献梳理，主要参考了《企业间合作绩效影响因素实证研究》一文中对企业间合作绩效影响因素的理论分析，依据供应链企业自身的特点，通过调整，将供应链企业间研发合作绩效影响因素的研究主要归纳为以下两个方面：从资源视角，一些学者研究了企业间的资源共享与企业间合作绩效的关系；从组织学习和创新的视角，一些学者研究了企业间合作经验与企业间合作绩效的关系。

4.1.1 资源共享与研发合作绩效

资源观视角的基本假设是通过合作共享双方各自拥有的资源以获得竞争优势（Hennart，1988；Koght，1988）。具体来说，学者分别从资源互补、资源依赖的角度分析了资源共享与企业间合作绩效的关系。

企业互补资源创造价值已经为众多学者所认同（Hennart，1988；Gulati，1995）。根据 Amit & Schoemaker（1993）的研究，在资源之间可能存在以下四种关系：①替代关系。如果一种资源的功能能够完全被另一种资源所替代的话，那么这两种资源之间就存在替代关系。②互补关系。如果一种资源的变动被另一种资源的变动所补偿，两者就呈互补关系。③增益关系。当一种资源的存在会放大另一种资源或要素的影响时，两者就呈增益关系。④压制关系。某种要素的存在会抵消另一种要素的作用。合作双方的资源依赖关系决定了企业间合作绩效。资源依赖意味着双方必须依赖对方的资源才能实现各自的合作目标（Pfeffe & Nowak，1976）。一方面，相互依赖的资源本身就意味着一种承诺，将双方通过共同利益捆绑在一起；另一方面，专用性资源是创造竞争优势的根本条件，联合双方的关系专用性资源会带来更高的价值。Lusch & Brown（1996）对制造商与分销商关系的研究发现，双方的相互依赖关系提升了双方的合作绩效。Holm、Eriksson & Johanson（1999）认为合作双方对合作关系的承诺促进了双方的资源依赖关系；这种资源依赖关系使得双方成为具有共同利益的生产共同体；而共同利益的形成将促进双方价值的创造，即合作绩效的提升。Dyer（1996，1997）在对美国与日本汽车产业的对比研究中发现，日本汽车组装商与供应商之间通过持续的相互关系专用性投资提升了双方资源的相互依赖程度，并进一步提升了双方合作绩效。

4.1.2　知识共享与研发合作绩效

随着知识学派的出现与兴起，很多学者开始从组织学习和知识共享的角度研究企业间合作绩效。知识学派认为企业的本质是企业所拥有的知识，企业的竞争优势来源于企业所拥有的独特的知识。其中，企业成员所拥有的隐性知识和集体知识对于企业塑造企业竞争优势具有重要意义。企业间合作则是获得和共享合作伙伴所拥有的知识的一个重要渠道。合作研发的目标是多个企业共同创造新的技术，因此，要求企业间能够进行知识的有效交流与共享。Kougt（1988）认为企业间合作的目的是共享双方所拥有的知识，尤其是难以编码化的隐性知识，以获得竞争优势。Hamel & Prahalad（1989）研究发现，合作伙伴间相互学习对方的知识是企业建立联盟的重要目的与动机；Badaracco（1991）也认为企业间隐性知识无法通过市场交易来获得，而必须通过合作联盟的方式完成。Dyer & Singh（1998）认为，企业间相互关系专用性投资、知识共享惯例与共享互补的资源禀赋是提升合作绩效的重要因素。合作双方所形成的知识共享惯例促进了双方知识的转移与共享，减少了合作冲突，提高了互动效率和合作绩效。因此，合作伙伴间的知识交流与知识共享既是联盟的目的，也是联盟形成的基础。合作伙伴之间的知识共享机制是否高效，是关系到合作效率高低甚至成功与否的重要因素。

4.1.3 组织学习与研发合作绩效

从资源观视角可见，资源的共享、知识的转移与共享提升了合作绩效。从组织学习视角，很多学者认为企业的合作经验的累积会形成企业的合作能力，这种能力提升了企业间合作绩效（Simonin，1997；Kale，Dyer & Singh，2002；Zollo，Reuer & Singh，2002；Hoang & Kothaermel，2005）。从组织学习的角度，很多学者认为合作经验的积累有助于合作能力的构建（Anand & Khanna，2000），而合作能力则对提升合作绩效具有重要作用，这就是合作经验的学习效应。在经营管理领域中，随着生产经验的累积，产品的单位成本在不断下降。后来，这种学习效应被拓展到组织中的其他活动。对此，经济演化理论认为组织通过在时间和空间的积累，通过演化、适应以及不断地对已有的惯例化的行为的复制来解释这一效应（Nelson & Winter，1982）。Dermot（2002）的研究表明，企业自身的研发行为有利于增强企业的学习能力，企业的学习能力反过来又会增强自身的研发效率，并且减少其从竞争对手那里获得的有效技术溢出。Hoang & Kothaermel（2005）认为企业将通过合作经历对所获得的知识进行编码，并嵌入手册、数据库、诊断工具、模仿等工具之中，而这些工具有助于企业评价现有的合作伙伴，并引导企业选择未来的优秀伙伴。Doz（1996）也指出对合作过程的管理经验对合作绩效存在正向影响。合作研发的一方企业通过学习另一方企业的知识，会逐渐改善自己的知识结构、提高自身的技术水平、降低产品的生产成本。这些通过相互学习得来的知识，可以被该企业用来增进自己的知识能力、技术水平，从而提高该企业的竞争实力。由于合作企业双方的学习能力是不对称的，因此学习能力处于劣势的企业就缺乏参与合作研发的激励，致使处于劣势的企业在合作的收益分配中处于不利地位；相反，处于优势地位的企业通过学习在合作过程中增强了讨价还价的能力。

4.2　供应链企业间研发合作绩效的影响因素

全球经济一体化，市场日益开放，促使企业越来越重视从价格、成本方面获取优势转向从创新获取优势，从企业间的竞争转向供应链的竞争。假设某个技术创新项目专用性很强，涉及多个专业知识领域，只有将上游和下游企业的核心技术能力集成使用才有可能取得研发成功，但上游企业或者下游企业单独进行研发时，其自身能力和战略目标的能力要求之间总存在一定距离，无法达到研发的需求并保证研发取得成功。泰吉（Tyejee）和奥兰德（Osland）等将这种距离称为"战略缺口"，认为战略缺口的存在在一定程度上限制了企业走依靠自有资源能力自我创新的道路。互补性战略缺口的存在，限制了他们进行独立研发并进入新市场的战略行为，成为企业进一步发展的障碍。此时，企业可能通过市场获得所需外部资源，即购买对方专利、引进相关技术人员等；通过内部化获得资源，即兼并、收购对方企业，将外部资源内部化；通过建立合作研发战略联盟，企业的关系由短期交易关系转变为长期合作关系。企业与供应链中包括供应商、分销商、零售商在内的企业紧密合作，把合作伙伴结合到企业的新产品开发项目中，加强信息共享，相互进行技术交流和提供设计支持，通过企业间的技术转移，有效地运用合作伙伴的经验和专门技术，提高企业的创新能力，达到缩短新产品开发周期、降低开发费用、提高产品质量和技术含量的目的。Nishiguchi（2003）认为，前沿产业的供应商是创新的"温床"，制造商通过组合供应商的技术诀窍来弥补他们的弱点并创造新的竞争优势，创新企业为了获得成功，必须与上游或下游企业形成横向或纵向的联系。企业以研发联盟形式合作，其核心技术能力相互暴露并实现融合，为创造新的核心技术奠定了基础。研发联盟建立后，联盟企业会尽可能将自己的核心能力暴露给对方，同时可以利用共同研发的机会接触对方的核心技术资源，实现知识共享和资源互补。博格等（1982）的研究表明50%以上的联盟是为了获取对方知识。一旦研发合作取得成功，企业的核心技术能力就得到了整合，结果使得联盟各方的战略缺口得到弥补，研发成果发展为联盟企业共同的新的核心能力。

供应链企业间的研发合作是一种纵向研发合作方式。随着新产品生命周期的缩短和市场竞争的加剧，企业自主研究开发的不确定性越来越大，许多企业纷纷参与合作研发。合作新产品研发的实质是不同企业在某个市场机遇将带来的预期收益的吸引下进行合作，它强调合作伙伴在新产品研发过程中共享信息、共担成本、共担风险、共同获益。基于供应链的合作研发有其特殊性，在前沿产业中，制造商倾向于通过组合供应商的技术诀窍弥补自身的弱点，从而创造更强的竞争优势。供应链管理强调的是合作竞争：一方面是要合作以创造相对于其他供应链的竞争优势，把"饼"做大；另一方面才是在把"饼"做大的基础上，供应链内部企业间进行分配竞争。通常由制造商通过各种途径获得市场信息，他就可以作为新产品研发活动的发起人，邀请具有研发专长的供应商加入，进行合作新产品研发，并约定供应商的任务和利润分配原则，然后共同进行产品设计、零部件设计、材料推荐和选择、工艺规划。设计完成后，进行零部件加工和产品装配、试制，通过性能测试和市场试销，新产品开发过程就全面结束。供应链创新需要依靠企业间的合作研发，研究合作已经成为当今企业核心竞争力的重要来源，是推动企业发展的引擎。

事实上，供应链企业之间进行研发合作，存在多重动机，主要包括企业间的资源和能力差异程度；研发成本共担，规模效应和避免重复研发投资；将合作伙伴的技术和能力内部化，并产生新的核心能力，实现知识共享等。供应链企业在研发合作形成的过程中，其核心技术能力相互暴露并实现融合，为创造新的核心技术奠定了基础。研发联盟建立后，联盟企业会尽可能将自己的核心能力暴露给对方，同时可以利用共同研发的机会接触对方的核心技术资源，实现知识共享和资源互补。一旦合作研发取得成功，上下游企业的核心技术能力得到了整合，联盟各方的战略缺口得到弥补，研发成果发展为联盟企业共同的新的核心能力。

许多文献对供应链企业间研发合作的动机进行了研究，认为至少具有以下几类，如分担成本和风险、谋取合作伙伴的技术和市场、取得研发的规模经济效益、通过分享知识取得协同效应等。西安交通大学徐寅峰教授的研究结果表明，获取互补资源、降低和分担研发中的风险和成本、加快市场进入速度和保证创新中组织的灵活性是主要方面。

供应链企业间研发合作成员间的关系一般可以分为股权型合作研发战略联盟（RJV）、对外委托型合作研发战略联盟和非股权非委托型合作研发战略联盟。Kamien（1992）认为卡特尔是最有效的合作研发组织模式。股权型合作研发战略联盟指由合作各方共同出资成立合资研究企业，每个联盟成员企业可以通过向股权型战略联盟提供激励来影响研发项目进程（Ewburry，1997）。吕军提到，股权型战略联盟（RJV）有助于知识资源的转移；但当双方都有丰富的知识资源时，就变得非常危险。国内外的学者已经对新产品研发的合作问题进行了大量的研究。Kamien、Muller & Zang（1992）比较了四种研发合作的组织方式，认为研发合作的卡特尔是最为可行的组织方式。Sang & Seun（1999）研究了存在技术领先者的情况下，技术跟随者之间进行研发合作的动机问题。陈功玉等（2002）分析了市场结构和市场信息溢出与研发投入的关系。但是，大部分的文献都是集中于水平模式的研发问题的探讨，即参与研发合作的企业是在同一产品市场上展开竞争的。而对于垂直的研发合作的研究，即上游企业和下游企业之间的研发合作的研究还不多见。Rosenkranz（1995）研究了在垂直的产品差异情况下的研发的合作。Banerjee（2001）在两阶段博弈的基础上研究了垂直合作研发的动机问题。张毅等（2003）分别在有限次重复博弈和无限次重复博弈条件下定量分析了垂直合作研发的决策过程。由于垂直合作新产品开发能够实现合作伙伴间的资源共享和优势互补，促进企业间的知识流动，使企业快速获得新技术，通过分担开发费用，分散风险，它已经成为企业创新的重要形式。李勇在前人研究的基础上，考虑研发投入和补贴政策，定量研究合作研发的效率，重新探讨垂直合作研发的动机，并探讨最优可行帕累托有效新产品合作研发方案存在的问题，为企业实施供应链合作研发提供指导。

目前，越来越多的企业意识到了在供应链中进行研发合作的重要性，许多供应商参与到了下游企业的新产品设计与开发活动中，同时下游企业也积极参与到上游企业的研发活动中。供应链成员企业间已经认识到提高供应链整体的竞争力比提高自身的竞争力更为重要，企业之间应该建立长期的合作关系，从而规避风险，优势互补，达到长期互惠互利的目的。

4.3　知识共享的概念、机制与模式

4.3.1　知识共享概念

随着知识经济时代的到来，知识已经逐渐成为经济增长、社会发展以及企业成长的关键性资源。在此背景下，随着企业理论的发展和深化，一种以知识为基础的企业理论（The Knowledge-based Theory of the Firm）即企业知识理论应运而生。企业知识理论认为：企业的存在是因为企业能够创造出独特的生产性知识、制度性知识和管理性知识；企业的异质性在于在生产过程中形成和积累的知识的差异性（Granoveller，1985）；企业的功能之一就是用共同表达的方式进行交流，使得知识的交流、转移与共享更为经济；一种有效率的、最有生命力的企业制度就是能提供一种合理性、激励性的制度安排，鼓励知识的不断创造、使用、转移和共享，而不是那些理论上能够使组织交易费用最小的企业制度。因此，对企业合作进行研究，撇开知识因素将是不完全的，也是与企业合作的实践相违背的。

知识共享是指个体知识、组织知识通过各种共享手段为组织中其他成员所共享，同时通过知识创新，实现组织的知识增值。知识共享包括四个因素：人、知识、共享过程和环境，其中人是知识共享的主体，知识为知识共享的对象，共享过程为连接主体和对象的桥梁，而所有的知识共享活动都受到企业的内外环境影响。知识只有通过相互交流、学习、共享才能得到发展，知识的共享范围越广，其利用、增值的效果越好。知识只有被更多的人共享，才能使知识的拥有者获得更大的收益。表4-1是各学者对知识共享的定义。

表4-1　各学者对知识共享的定义

学者	观点
Nancy（2000）	知识共享即是使人知晓，共享自己的知识给他人，与对方共同拥有该知识，进而使整个组织均知晓此知识
Jim Botkin（2000）	知识共享就是人与人间的联系与沟通
Hendrik（1999）	知识共享是一种沟通的过程，知识共享包括知识拥有者与知识需求者两个主体
Wijnhoven（1998）	知识共享是一种通过信息媒介进行的知识转移，知识接收者通过已有的知识对新知识进行阐解或两者彼此互动的过程
Davenport & Prusak（1998）	知识共享是企业内部的知识参与知识市场的过程，正如其他商品与服务，知识市场也有买方、卖方，市场的参与者都相信可以自此获得好处
Senge（1997）	知识共享是一种使他人"获得有效行为的过程"。知识共享必须通过互动，成功地将知识转移给他人，形成他人的行动能力
Nonaka & Takeuchi（1995）	知识共享是个人与个人之间默会知识与明晰知识互动的过程，其模式分为外化、内化、整合、共同化，知识的创新即为知识互动的结果

基于上述对知识共享的定义，我们可以对知识共享作以下描述：知识共享就是旨在减少个人（或组织）行为障碍的知识和信息的交流、吸收和理解过程。这个定义包含四个内容：知识共享的目的是减

少因知识缺乏而造成的行为障碍；知识共享的对象是知识和信息；知识共享过程是对知识信息的交流、吸收和理解；知识共享的主体是个人和组织。个人的原有知识结构、主观判断、心理认知因素和行为习惯，组织的硬环境（技术、结构）和软环境（制度、文化、人际关系）以及组织原有的知识储备、组织习惯等因素，都会对知识共享的过程、效果产生影响。

知识共享的形式多种多样，对知识共享的影响也大小不一。只有对各种层次和各种类型的知识共享进行深入研究，才能充分发挥出知识共享的优势。知识共享按不同的标准来划分，可以有不同的类型。

（1）按知识共享的主体来划分，可将知识共享分为：人际知识共享、组织知识共享、地区知识共享、国家知识共享和国际知识共享。因为个人、组织、地区和国家之间的知识总是不对称的，存在知识差，必然会存在知识流动，所以可以建立知识共享关系。

（2）按知识共享的内容来划分，知识共享可分为：显性知识共享和隐性知识共享。显性知识是易于整理分类、向人讲述的，它主要是指以专利、科学发明和特殊技术等形式存在的知识，显性知识共享主要通过各种可记录的文献形式进行。而隐性知识则是指员工的创造性知识和思想的体现，它只存在于员工的头脑中，难以明确地被他人观察、了解，隐性知识共享主要通过会议、交谈等非文献形式进行。

（3）按知识共享的层次来划分，知识共享可分为：数据共享、信息共享和知识共享。知识包含在数据和信息之中，不同层次的知识共享，具有不同的共享效率。在数据层和信息层的知识共享，需要知识主体先对数据和信息中隐含的知识进行提炼，而知识共享是直接的、高效的。目前，知识共享主要还是数据层和信息层的知识共享，知识层的知识共享较少，这主要是因为在知识层存在各种知识共享障碍。

（4）按共享中知识存在的形式来划分，知识共享可分为：非文献知识共享、文献知识共享和网络知识共享。目前主要是文献知识共享，而非文献知识共享（如经验、技能和技巧等）和网络知识共享（如存在的各种知识网络）还需要进一步挖掘。

从静态的空间结构上分析，知识共享具有四个组成要素：人、知识、过程和环境；从时间结构上分析，知识共享是一个动态的过程。组织和个人进行知识共享的目的是获得自身不具备而又必需的知识和信息，即组织和个人具有知识共享的需求。

目前关于知识共享已经形成较为成熟的研究成果的领域包括：知识共享的组织结构分析、知识共享的组织文化分析、知识共享的技术支持分析和知识共享的激励制度分析。研究者大多认为知识共享的重点在于对隐性知识的共享。

对影响组织内知识共享的因素的研究，主要是围绕组织文化、组织结构及激励机制展开的。许多学者认为应建立以"不断的学习"为目标的学习型组织，改变等级森严、沟通不畅的组织结构，建立互相信任、开放式交流、尊重知识、共享知识的企业文化，并建立注重合理回报原则、信用原则等的激励机制。对知识共享的主体，主要从两个方面开展研究：一是组织内部，二是组织与组织之间。对于组织内部，大多数研究者认为知识共享是从个体、团体到组织之间层层展开的。对于组织之间的共享，目前主要涉及供应链管理中的知识共享、簇群中的知识共享机制、知识联盟中的知识共享和协同商务环境下的知识共享。

未来企业的竞争优势将主要来自它聚集、开发和组合各种知识资源的能力，而知识共享则为企业发展知识资源并创造适应于市场变化的新资源提供了途径。知识共享能够促进知识的创新与传播，实现知识的不断增值，并在日益加剧的不连续的环境变化中增强企业的组织适应力和竞争力。通过建立激励员工参与知识共享的机制，营造一个有助于知识生成、交流、验证、积累和应用的宽松环境，可以整合员工个体优势，提高企业团队的应变与创新能力。

4.3.2 知识共享的机制与模式

随着知识经济的兴起，知识已经成为企业或组织获取竞争优势的关键性资源，企业或组织要想保持和建立自己的竞争优势，就必须拥有和创造知识。企业或组织可以通过自身的内部学习和向外部合作伙伴学习两种途径来增强自己的竞争优势（Kogut，1988）。组织如果仅靠自己的内部能力去创造知识，要承受巨大的时间成本和费用及最终失败的风险，如果通过与其他组织合作，学习其他组织的成功经验和知识，就会快速提高自身能力（Inkpen，1998）。为了在竞争的环境中生存下去，通过合作来获取其他组织的知识具有战略重要性。

对知识共享的手段及工具，大多数研究者都认可信息技术和智能系统对知识共享的支持。认为应建立组织内部的内联网（Intranet），打造组织内部的知识平台。针对共享的知识系统，有学者分别从单一本体和多本体的角度进行研究并提出可行的设计方案，还有一些学者认为知识网络、会议及团队学习等也是知识共享的主要手段。

4.3.2.1 知识共享机制研究

伴随经济全球化和信息技术革命，"企业正面临着从看得见的资源（机器设备）和看不见的顾客（大规模市场或细分市场）向看不见的资源（知识、能力和创造力）和看得见的顾客（具有特定偏好和需求的个体消费者）的革命性转换"（Lowendahl & Revang，1998）。企业持续竞争力的源泉正日益集中于企业内部特异的、难以模仿的知识资源。通过创造知识来创造价值，进而实现可持续成长，已经成为企业在新的竞争环境下谋求发展的基本战略准则。知识也就自然成为决定企业组织形式和管理模式的主导性变量。

在知识共享过程中，人们难免受知识主体间竞争与合作这一矛盾的困扰。之所以出现竞争，是因为知识主体间存在利益冲突，产生生存危机，而这些危机又主要来自其他知识主体。之所以有合作，是因为知识主体间存在一致的利益，自身的利益融合在其他知识主体的利益之中。

当知识主体间的利益冲突大于利益一致时，竞争的力就大于合作的力，于是各知识主体便会在知识共享中设置各种障碍，即社会障碍，知识共享就不能顺利进行。而当知识主体间的利益一致大于利益冲突时，合作的力就大于竞争的力，于是各知识主体在知识共享中就会积极克服各种自然障碍，保证知识共享顺畅进行。

一个企业能够维持其竞争优势主要是因为它具有某种内部资源优势，这种资源常常是有价值的，具有稀缺性并且竞争对方难以模仿，如专有技术等。当该企业自身资源无法满足其成长需求时，就要向组织外部寻找这种资源，从而与其他企业进行合作，形成相互依赖的关系。Chung、Singh & Lee（2000）认为，企业倾向于通过与其他企业的资源技术相结合，共同形成联盟以提高经营绩效并创造价值。Dyer & Singh（1998）也认为，在双方彼此愿意合作，共享各自拥有的资源技术，且投入程度很高时，双方均可以在市场上具有较高的竞争优势。因此，对合作伙伴的技术、能力等资源的依赖，是企业进行知识共享的内部动因之一。另外，企业选择合作研发，就是想通过知识的跨组织共享，在吸收和利用新知识的同时，促进本企业的学习能力。Kogut（1988）指出，企业建立合作联盟是为了学习对方的组织知识，即该企业所专有的组织惯例或技能，由于这种知识为隐性知识，只有通过合作联盟才能够取得。合作研发是一种外部学习的机会，通过与联盟伙伴的互动学习机制，可以增加知识来源，同时提高组织创造知识的能力并拓展特定的技术领域（Phan & Peridis，2000）。

4.3.2.2 知识共享的模式选择

21 世纪是知识主导的时代，知识的创造、共享和应用已成为经济发展的核心动力。知识在为企业带来竞争力的同时，也使整个社会经济获得长期增长的能力。正如彼得·德鲁克所言：知识已成为真正的资本和首要财富。按照知识属性和获取的难易程度，可以将知识大致区分为两种类型。一种是显性的明晰知识（Explicit Knowledge），它能够被形式化，可以用正式的语言、符号、数字、形象等明确表达，这类知识可以通过符号系统正式而方便地在个体和组织之间共享。然而，明晰知识仅占知识海洋之"冰山一角"，更为重要的是隐性知识（Tacit Knowledge），隐性知识很难或不能以符号系统直接在个人和组织之间共享，它涉及知识共享的情境条件和文化背景等复杂因素。

企业隐性知识分布于企业内部员工个体、团队、部门等不同层面的知识主体中，从组织不同层次知识主体和知识互动主体的角度，可以将企业隐性知识分为三个层次：①个体层次的隐性知识。企业隐性知识首先为员工个体所拥有，它是个人长期积累和创造的结果。这类知识高度个人化，深置于员工个人的行动与经验之中，同时也与员工的个人价值观念和心智模式融为一体。②群体层次的隐性知识。企业群体中的个体由于彼此紧密的互动和直接沟通，通过模仿与练习、感悟和领会，形成彼此能够会意却不易言传的隐性知识，主要表现为群体所掌握的技艺、操作过程以及群体成员的默契和协作能力等。③企业层次的隐性知识。企业是由众多员工个体和群体所结成的网络，企业层次的隐性知识是在对企业个体和群体隐性知识的有效融合和实践基础上形成的，它包含了企业个体和群体拥有的知识，同时也创造出个体和群体所无法具有的知识特质，它同产业环境、竞争条件和企业历史背景等情境密切相关。企业层次的隐性知识主要表现为企业文化、价值体系、企业惯例、共同愿景等，这些知识难以清晰说明，但却为组织的成功运转发挥着重要作用。

从人们提出知识共享的概念开始，很多学者就从广泛的视角对其进行研究，提出各种知识共享的过程模型或理论。知识共享本质就是知识的转移，从知识源转移到知识接收者，从而实现知识在更大范围内的共享。以知识源和知识接收者为维度，根据不同的知识源以及知识接收者，可以将知识共享分为以下三种模式：第一种模式：知识由个体传递给个体，即个体—个体模式，这种共享模式中传递的知识主要是一些专属于个人的隐性知识，例如个人经过多年的经验积累在工作中摸索出来的一些诀窍等，它们还没有上升为组织知识，个体想要获得这类知识，只有通过个体之间的交流来实现。交流的方式主要是一些面对面的沟通，这样当这种知识被接收者掌握之后，它又可以充当知识源，在更广泛的组织内部传播知识。随着掌握这种知识的员工越来越多，一些专属于某个人的知识成为该部门的"公开的秘密"，这时个人知识就上升为组织知识。第二种模式：知识由组织向个人扩散，即组织—个体模式，个人除了向自己的同事探求知识外，还可能向组织搜索自己需要的知识。这里组织作为知识源，个体是知识的接收者，共享的内容主要是组织的专业知识以及一些公共知识，这些知识表现为一定的规章、程序等，是组织经过长时间的实践积累的知识的提炼，是全体组织成员智慧的结晶。第三种模式：组织之间的知识共享，即组织—组织模式，对于从事相似工作内容的团队，彼此之间共享知识可以显著提高各自的工作效率。在这种共享模式中，知识源是一个团队，知识的接收者也是一个团队，所共享的知识是过去所经历的项目知识，涉及人员的编排、任务的处理等，个体的知识只有在整个团队中才具有意义，共享知识总是以小组为单位来实施的。

谭贤楚和肖昂（2004）认为知识共享过程有以下五个环节：个体知识、知识的阐明、知识的交流、知识的理解以及组织知识创新。前三个环节主要是指个体行为，后两个环节则依赖于组织工作。宋建元和张钢（2004）将企业的知识链分成四类活动，即知识获取、知识选择、知识创造和知识内化，通过互相依存的这四类活动，企业逐步实现从个体知识向群体知识、组织知识的扩展，并形成持续竞争优势的组织能力，从而使知识实现不断增值。

日本的野中郁次郎（Nonaka）从20世纪90年代早期开始，在一系列论文和专著中提出了SECI模型（Socialization，Externalization，Combination，Internalization），用来描述企业内部知识的产生、传递、创造的互动过程，尤其是对隐性知识和显性知识之间的转移进行了成功的解释。Nonaka的社会化、外化、整合、内化四种模式，实际上就是个体知识向组织知识转移的四个阶段。该模型从知识特性的角度提出了知识转移的本质，指出知识是通过社会化、外部化、整合化以及内部化四个过程在企业内部螺旋状发展的，如图4-1所示。Nonaka进一步指出从隐性到隐性这个阶段，是知识创新活动最为关键的阶段（Nonaka，1991、1994、1995）。

SECI模型的四种知识转化模式也可以看作企业技术知识积累和技术能力提升的主要方式。通过社会化即将隐性知识从一个主体转化为另一个主体，企业从组织获得外部技术背后的隐性知识或者实现隐性知识在组织内部的转移。徒弟通过潜移默化从师傅那儿获得技术和诀

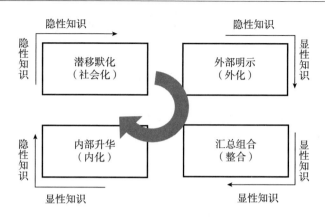

图 4-1　SECI 知识螺旋模型

资料来源：唐炎华，石金涛. 国外知识转移研究综述［J］. 情报科学，2006，24（1）：153-160.

窍就是典型的例子。外部化能将技能、诀窍等隐性知识转化为可以用言语表达或文字表达的显性知识。整合是指显性知识转化为显性知识，表现为显性知识的转移和条理化。整合虽然不是有关隐性知识的转移和流动，但它将隐性知识转化而来的显性知识进行系统处理，优化了企业知识存量，也为显性知识的内部化奠定了基础。通过内部化，即显性知识转化为隐性知识，能实现显性知识在整个组织内的共享，组织成员的知识得到固化和升华，从而拓展、延伸和重构个人和组织的隐性知识体系。所以，通过隐性知识的转化，一方面能增加企业技术知识的存量，促进企业技术知识和技术能力的动态积累，另一方面还有利于改善企业的知识结构，从结构层面上提升企业技术能力。

Nonaka & Takeuchi（1995）将知识在主体间分为四个层次：个体、团体、组织与组织间。因此，知识的转移也就相应地在这四个层次间发生，即个体与团队、个体与组织、团队与组织、组织与组织之间的知识转移。Szulanski 等（1996）用交流模型来研究组织内的知识转移，认为知识转移是在一定的情境中，从知识的源单元到接受单元的信息传播过程，并将知识转移分为四个阶段：识别阶段、实施阶段、调整阶段、整合阶段。

本书将基于日本管理学家野中郁次郎（Nonaka）提出的 SECI 模型，分层次、分阶段地对组织间隐性知识与显性知识的转移机理进行系统研究，以探讨其与组织学习和企业合作绩效的关系。

4.3.2.3 企业隐性知识的共享

知识共享是指企业员工个体能够互相交流彼此的知识，使知识由个体的经验扩散到团队及企业层面，使企业员工拥有更多解决问题的经验和方法，从而提高企业的知识竞争效率。企业隐性知识包括个体、群体和企业三个层次，隐性知识首先为个体所拥有，通过员工个体之间相互交流与合作，个体的隐性知识被更多的个体模仿和学习，逐渐形成群体知识。随着企业中个体和群体网络交流的频繁，个体知识进一步扩散到企业层面，使企业全体成员共有相同和互补的经验和诀窍，并在共同的愿景和企业惯例下行事，形成企业层面的隐性知识。企业隐性知识共享就是通过企业员工之间不断互动和交流，促使企业员工个体和群体将独有的知识扩散到整个企业，为全体企业员工所共有。

（1）组织通过外部学习进行隐性知识转移的过程。由知识管理和创新扩散过程理论（Inkpen，2000；Nonaka，1994；Tushman，1981），本书认为组织通过外部学习进行知识转移是一个两阶段过程。第一个阶段是指一个组织与它的外部合作组织间相互交往、学习和转移知识的过程，在这一过程，由于人员间的紧密接触和交往，成员会认识到各合作伙伴所拥有的知识和技能的差别。Huber（1991）把这一过程叫作"知识的嫁接"。通过这一过程，组织可以取得以前在该组织内所不能获得的知识，增加组织的知识储量。第二个阶段是指组织对从外部组织中获取的知识在本组织内传播的过程。这个传播过程是重要的，因为知识在组织中的传播和整合程度决定了知识在组织中被应用的程度。

（2）组织外部学习所获取知识的形式。在组织间的知识学习过程中，组织能获取的知识有三种形式（Inkpen，2000）。一是组织可以获取用于设计和管理组织间合作的知识，这种知识也可以用来管理组织将来要参加的组织合作；二是组织会获得没有必要整合到本组织运作中的知识；三是由组织合作而获得的可以被应用到与本合作毫不相关的组织战略及日常运作中的知识，这种知识会给组织带来私有利益，这种私有利益是通过组织所获得合作伙伴的知识而使该组织单方面受到的收益（Khanna et al.，1998）。第三种形式的知识会在合作契约之外对组织有价值，也就是说，这种知识一旦被组织内化，便会被应用于新的各种活动上，组织通过合作获取外部知识，特别是能获取以隐性知识为主的知识，使合作成为组织获取知识资源的重要方式。组织如果没有参与合作并建立起必要的社会网络关系，外部隐性知识这种潜在的有价值的知识将不会被组织获得。由于组织合作创造了各组织人员相互交往的平台，有价值的知识便可以从一个组织转移到另外的组织。另外，知识也可以在组织合作中通过各组织人员的相互接触而独自创造出来。

（3）隐性知识及其转移特点。知识的隐性是知识最为主要的特性，对知识的转移有重要影响。隐性知识概念最早由 Michael Polanyi 提出，他把知识分为显性知识（Explicit Knowledge）和隐性知识（Tacit Knowledge）。知识的显性和隐性特征体现出知识是否能够编码和是否能以正式而系统的语言进行表达传输的性质（Roos et al.，1996）。所谓隐性知识是指更深层次的、个人拥有的知识，是无形且不易被形式化的、很难与他人共享、交流和理解的知识，它是个人长期创造和积累的结果，包括信念、洞察力、经验等。而显性知识是指能够以现实数据和编码的形式来进行系统而便利的沟通，可以清晰地表述并完整地向他人转移的知识，包括事实、数据、报告、提案等。人的知识更多的是以隐性知识形式存在的。隐性知识是显性知识的基础，比显性知识更宝贵、价值更大。Hamel（1991）认为，由于隐性知识自身的特点，它的传播非常困难。这些知识深深地隐含在人们的社会关系之中，对于获得的过程具有高度的依赖性，因而，隐性知识是企业竞争优势的源泉，相对而言显性知识不可能形成企业持续的竞争优势。由此，企业获得核心竞争优势的根本途径是创造、获取和利用隐性知识。隐性知识的转移主要是在人与人之间直接面对面接触过程中进行的转移，是人们在工作、生活和学习过程中发生的一种接触性传播，这是隐性知识转移的最大特点。

4.4 组织学习的概念、模型及其与绩效的关系

4.4.1 组织学习概念

知识经济时代的组织是一个极为复杂的系统。组织学习是组织获取核心竞争力和可持续发展能力的重要手段。Fiol & Lyles（1985）认为组织学习是通过更好的知识与理解力来改善行为的过程。Levitt & March（1988）认为，组织学习是对过去行为进行反思，从而形成指导行为的组织规范。Huber（1991）认为，组织学习过程包括知识的获取、共享和利用。彼得·圣吉（1994）认为，组织学习是管理者寻求提高组织成员理解和管理组织及环境的能力和动机水平，从而使其能够决

策如何不断提高组织效率的过程。Edmondson & Moingeon（1998）认为，组织学习是组织成员积极主动利用有关资料与信息来规划自己行为，以提高组织持续适应能力的过程。关于组织学习的概念，如表4-2所示。

表4-2 各学者对组织学习的定义

学科	作者	观点
社会学	巴纳德（1956）	组织学习是两人或两人以上有意识的协调活动和力量系统
	西尔维亚，盖拉尔迪，戴维德和尼科尼尔（2000，2001）	组织学习是在组织制度形成的社会关系中进行学习的社会过程。它包含了组织和学习两个概念，是一个能够学习和处理信息，反思经历，拥有大量知识、技能和专长的主体
管理学	Argyris & Schon（1978）	组织学习是有效处理、解释和反映组织内部的各种信息，进而改进组织行为的过程
	David & Garvin	组织学习是一种活动，是通过解决问题、试错、从过去的经验中学习、向他人学习等方式以促进知识扩散的过程
	Hedberg（1981）	组织学习通过与环境的交互作用来获取和定位信息，以实现通过观察活动的结果来增加他们对现实世界的理解能力
	芮明杰（2005）	组织学习通过其成员拥有的知识和能力来完成，组织中的每一个成员都发展自己的心智模式、思维方式，即所谓的自我格局。组织学习使个人隐性的心智模式得到共享，并把共享的心智模式转变为可检验、可重构的过程
组织学	Huber（1991）	在处理信息的过程中，组织学习是引导一个组织潜在行为发生变化的过程
	Fiol & Lyles（1985）	组织学习是通过更好的知识理解能力来提高活动能力的过程
	Dodgson（1993）	组织学习是企业在特定行为和文化中，建立和完善组织的知识和常规，通过不断应用相关工具和技能来加强企业适应性和竞争力的方式
知识创新学	Nonaka & Takeuchi（1995）	组织学习被视为企业促进知识获取、创新和传播到整个组织的过程，它体现在产品、服务和组织体系的能力中
	Senge（1990），Teece（1998）	组织学习使企业在应对变化的经济和商业环境时能够改善和应用新技术，改善组织结构和管理实践。它能推动无形资产的创造，而这恰恰是企业获取和维持竞争优势的基础

本书将从管理学和知识创新学方面对组织学习加以解释，认为组织学习是一种管理活动，是企业进行知识获取、创新和传播的过程，是一种有效处理、解释和反映组织内部信息，进而改进组织行为的过程。组织学习作为组织获取核心竞争力和可持续发展能力的重要手段，是一个动态的过程：从组织学习发生的载体来看，主要有个人、团队和组织三个层次（Crossan，1999）；就组织学习发生的方式来看，包括单环学习、双环学习和三环学习三种模式（Dai，2004）；而从组织学习过程本身来看，则分为直觉感知、解释说明、归纳整合和制度化四个子过程（Crossan，1999）。一个组织的学习能力是组织得以生存和可持续发展的动力。

4.4.2 组织学习相关模型及其与绩效的关系

关于对组织学习的研究，目前主要集中于跨组织的学习模型、组织学习与企业战略能力和企业合作绩效的关系以及组织学习的跨领域交叉渗透。

4.4.2.1 跨组织学习模型

在组织学习过程模型研究中，国外学者提出了一些比较有代表性的模型，例如彼得·圣吉 & Dixon（1994）从建构主义角度提出了组织学习的"心智模式"或"意义结构"模型。从建构主义观点来看，组织学习是个人对组织内外部信息和知识进行意义建构的过程，目的是将个人意义建构提升到集体意义建构。Huber（1991）在分析组织学习过程时将其分解成四个阶段：信息获取、信息扩散、信息解释和组织记忆。在此基础上，Slater & Narver（1995）对组织学习的过程模型进行了扩展，提出了"学习边界"的概念，认为创造性学习是以市场变化为导向的，组织学习需要企业高层管理者的驱动，也就是企业家精神。Nonaka & Takeuchi（1995）根据知识的特性，提出了知识创造的组织学习模型是通过内化、外化、群化、融合四个环节完成显性知识和隐性知识之间的相互转化，并呈现出从个体到团队再到组织的螺旋式上升形态。Redding & Catalanello（1994）从企业战略变革的角度研究组织学习的模式和学习型组织的特点，提出了持续准备—不断计划—即兴推行—行动学习的组织学习模型。从以上对组织学习过程的研究来看，组织学习是企业资源、能力和知识不断累积的过程。企业利用新知识对已有资源和能力不断修正，在此基础上创造出新的资源和能力，概括地说，是一个组织对自我的反复修正和创新的过程（Yeung，1999）。Macharzina & Brodel（2000）提出的跨国公司知识产生和利用的反馈模型，Hanssen-Bauer & Snow 提出的区域性企业集群学习循环的五个阶段，Holmqvist（1999）提出的虚拟组织学习与知识转化过程模型，Karthik（2002）提出的战略联盟学习的五个维度以及战略联盟演变不同阶段的不同学习形式等。近年来，跨组织学习模型也逐渐成为国内组织学习研究领域的一个重要议题。谢泗薪等（2003）构建了中国跨国企业的全球学习模式，包括内向学习视角下的互动型学习和外向学习视角下的本土化学习。王宏起和刘希宋（2004）分析了战略联盟各阶段的主要学习内容和方式，指出随着战略联盟的逐渐发展，学习层次也不断加深。魏江和申军（2003）从知识观角度提出集群学习的 4 种模式，并进一步提出了集群学习模式演进的 3 种路径。赵林捷和汤书昆（2004）针对虚拟企业组织学习中潜在的权力隐化和信息过载现象，提出了基于问题情境的虚拟企业学习模型，主张通过问题的试错和证伪推动知识的创造和更新。彭灿（2004）在文献分析基础上指出三种典型的供应链企业组织间学习模式：偏重于操作学习的日本式"紧密型供应链"、适合理论学习与创新的美英式"松散型供应链"以及介于两者的德国式供应链。

4.4.2.2 组织学习与战略能力开发

John & Melissa（1997）认为战略有效性和竞争优势依赖于三类能力：现行的战略、战略改变能力和战略学习能力，指出了单环学习和双环学习在战略能力开发中的重要作用。Tidd（2000）强调了战略能力、知识管理、组织学习的内在联系，认为战略能力和知识管理连接的关键在于无形资源，而将无形资源转变为组织资源的关键途径则是组织学习。我国学者王永贵等通过实证研究证明，组织学习已经成为组织构建和运用竞争能力的战略手段和关键途径。芮明杰等（2005）分析指出组织学习对企业战略转型成功发挥了关键性作用。有关战略联盟的研究也显示，组织学习是战略联盟获得成功的一个重要因素。组织学习和战略能力开发的紧密联系还体现在：战略本身就是一种学习模式，战略制定过程实际上是一个学习的过程，在这过程中，组织成员在过去行为模式的基础上，在学习过程中共同思考和行动，逐渐对未来的事件产生共识，从而促使战略的形成。

4.4.2.3 组织学习的跨领域交叉渗透

随着研究和应用的深入，组织学习越来越多地和知识管理、创新、信息化等一起被提及，体现了组织学习的跨领域交叉渗透。事实上，学者们对组织学习的领域范围一直有争论。典型的是组织学习与知识管理的领域之争。尽管很难严格划分两者的领域范围，但有学者指出两者的活动是相互促进、相辅相成的。也有学者指出：组织学习关注的重点是如何利用有效的组织学习保障机制，加速知识的创造和转换；而知识管理的重点则是如何最大限度地掌握和利用知识。针对组织学习与创新的关系，有学者认为创新是组织学习的一个基本出发点，也有学者认为组织创新过程实际上是一个组织学习的过程。有学者提出组织学习的不同方式（内、外部学习）会对企业的运作能力和动态能力产生不同的影响，从而影响企业的渐进创新和突变创新。还有学者通过实证研究验证了组织学习会通过组织创新间接地影响组织绩效。尽管角度有所不同，但这些研究都体现了组织学习对组织创新的重要作用。组织学习作为人们的一种社会交互活动，不可避免地会受到信息技术的深刻影响。信息技术对组织学习的影响体现在以下两方面：①信息技术可以改善学习的技术平台和学习的过程。②信息技术通过再造或优化战略、结构、环境和文化等组织学习的影响因子，从而间接改善组织学习。反之，组织学习能力也会制约组织应用信息技术的能力，从而影响组织的信息化水平。

4.4.2.4　组织学习与绩效关系的实证研究

组织学习与企业绩效的关系的中外文献总结如表4-3所示。

表4-3　组织学习定量研究综述

作者及研究年份	组织学习测量指标	因变量测量指标	组织学习相关假设	研究方法	研究结果
Santons-Vijande（2005）	对学习导向进行测量，包含学习承诺、开放心态和共同愿景	经营绩效，包括ROI和利润率两个指标	学习导向和市场导向相互促进，并且共同作用于企业绩效	问卷调查法，验证性因素分析	学习导向和市场导向相互促进，但学习导向对企业绩效没有积极影响
Morgan 等（2003）	基于市场的组织学习，由组织价值和市场信息加工行为构成	市场绩效	组织价值的三个维度通过市场信息加工行为对市场绩效产生影响	探索性因素分析和多元回归分析	支持相关假设
Tippins 等（2003）	组织学习由信息获取、信息分发、共同解释、组织记忆四个维度构成	公司绩效，包括利润率、ROI、客户保持率、销售增长率的主观评价	组织学习在IT胜任力、公司绩效的关系中起中介作用	验证性因素分析	组织学习起到部分中介作用

作者及研究年份	组织学习测量指标	因变量测量指标	组织学习相关假设	研究方法	研究结果
Bontis, Crossan & Hulland（2002）	个体水平学习、群体水平学习、组织水平学习、前馈学习流、反馈学习流	公司经营绩效	所有的组织学习要素都会提升公司的经营绩效	问卷调查	支持相关假设
Calantone 等（2002）	组织学习由学习承诺、共同愿景、开放心态和组织内部的知识共享共同测度	企业创新水平和企业绩效	组织学习对提高企业创新水平及企业绩效具有积极的重要作用	验证性因子分析	支持相关假设

由上述组织学习与绩效关系的实证研究我们可以看出，组织学习对提高企业绩效具有积极的重要作用。但是不同的组织学习指标将会影响不同的绩效变量。如基于市场的组织学习测量指标，它主要是用来衡量组织学习与企业的市场绩效之间的关系；基于学习导向、过程导向的组织学习测量指标，它主要用来衡量组织学习与企业的经营绩效之间的关系；基于创新的组织学习测量指标，则主要用来衡量组织学习与企业创新水平和企业绩效之间的关系。因此，对于组织学习与绩效的关系研究，不能简单照抄别人关于组织学习的测量指标，应依据不同的因变量选择合适的测量指标体系。

5　知识共享、组织学习与研发合作绩效

  通过第 4 章的文献研究我们可以看出，目前国内外关于知识共享、组织学习对供应链企业间研发合作绩效影响的研究还存在着一些问题和不足，在国内主要的管理学期刊发表的文献中，着重研究知识共享、组织学习对供应链企业间研发合作绩效的影响关系的概念模型几乎还没有出现。因此，本书将充分利用已有的研究成果，研究知识共享、组织学习对供应链企业间研发合作绩效的影响关系，并且引入管理中的情境因素作为控制变量，构建一个主要包含知识共享、组织学习和研发合作绩效关系的概念模型，并运用实证方法对其进行统计检验。这个模型基于这样一种观点：知识共享、组织学习相互作用，且共同影响着供应链企业间研发合作绩效，并且这种影响作用会因为组织情境因素的作用强弱而不同，也就是说，不同类型的情境因素在不同的作用程度下能够调节知识共享、组织学习与研发合作绩效关系的强弱。

  本章先是在前述文献研究的基础上对知识共享、组织学习、情境因素和研发合作这些概念进行明确的界定，随后按照本书确定的含义，提出并讨论"知识共享、组织学习与研发合作绩效关系"的概念模型，然后在研究和分析的过程中逐步提出相应的假设。

5.1 理论模型的提出及研究变量的可操作性定义

5.1.1 理论模型

通过上述分析，本书识别出了影响供应链企业间研发合作绩效的两个自变量——知识共享、组织学习，一个控制变量——情境因素，来分析它们与供应链企业间研发合作绩效的关系。基于上述理论分析，提出本书的理论模型（见图5-1）。

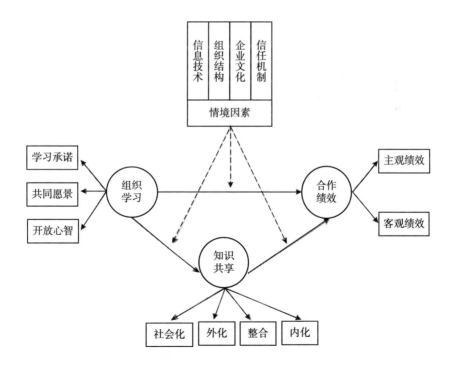

图5-1　知识共享、组织学习与合作绩效关系的理论模型

理论模型由三部分构成，中间是知识共享的构成，包括社会化、外化、整合、内化四个维度；左边是组织学习的构成，包括学习承诺、共同愿景、开放心智三个维度；右边是研发合作绩效包括主观绩效和客观绩效两个方面；上面是情境因素，包括信任机制、企业文化、组织结构、信息技术。本书将要研究的主要内容可以归纳如下：组织学习与知识共享的关系；知识共享与研发合作绩效的关系；组织学习与研发合作绩效的关系；信任机制对知识共享、组织学习与研发合作绩效关系的影响，即信任程度不同对知识共享、组织学习和研发合作绩效关系的影响是否有显著差异；企业文化对知识共享、组织学习与研发合作绩效关系的影响，即企业文化氛围不同对知识共享、组织学习和研发合作绩效关系的影响是否有显著差异；企业组织结构对知识共享、组织学习与研发合作绩效关系的影响，即不同的组织结构设计对知识共享、组织学习和研发合作绩效关系的影响是否有显著差异；信息技术对知识共享、组织学习与研发合作绩效关系的影响，即企业的信息化程度不同对知识共享、组织学习和研发合作绩效关系的影响是否有显著差异。

5.1.2　研究变量的可操作性定义

5.1.2.1　知识共享

知识共享就是旨在减少个人（或组织）行为障碍的知识和信息的交流、吸收和理解过程。主要包括四方面内容：知识共享的目的是减少因知识缺乏而造成的行为障碍；知识共享的对象是知识和信息；知识共享的过程是对知识信息的交流、吸收和理解；知识共享的主体是个人和组织，个人的原有知识结构、主观判断、心理认知因素和行为习惯，组织的硬环境（技术、结构）和软环境（制度、文化、人际关系）以及组织原有的知识储备、组织习惯等因素，都会对知识共享的过程、效果产生影响。

企业的知识共享体现在知识共享的各个过程阶段中：社会化、外化、整合、内化。因此，本书从知识共享的过程模型来衡量企业的知识共享。

社会化即将隐性知识从一个主体转化为另一个主体，企业从组织获得外部技术背后的隐性知识或者实现隐性知识在组织内部的转移。徒弟通过潜移默化从师傅那儿获得技术和诀窍就是典型的例子。

外部化是挖掘隐性知识并将其发展为显性知识的过程，是属于个人的隐性知识转化为群体的显性知识的过程。外部化能将技能、诀窍等隐性知识转化为可以用言语表达或文字表达的显性知识。

整合是若干群体的显性知识转化为组织的显性知识的过程，是将显性知识发展为更复杂的显性知识的过程，表现为显性知识的转移和条理化。整合虽然不是有关隐性知识的转移和流动，但它将隐性知识转化而来的显性知识进行系统处理，优化了企业知识存量，也为显性知识的内部化奠定了基础。

内部化是将组织显性知识转化为个人的隐性知识的过程。即显性知识转化为隐性知识，能实现显性知识在整个组织内的共享，组织成员的知识得到固化和升华，从而拓展、延伸和重构个人和组织的隐性知识体系。

5.1.2.2 组织学习

组织学习是一种管理活动，是企业进行知识获取、创新和传播的过程，是一种有效处理、解释和反映组织内部信息，进而改进组织行为的过程。

本书从学习承诺、分享意愿和开放心智三个方面来衡量企业的组织学习。

（1）学习承诺（Commitment to Learning）：在组织学习导向的基础上，促使组织成员达成有关学习的承诺，以此影响成员的学习态度。

（2）共享愿景（Shared Vision）：通过愿景的建立和共享，促使成员向组织期望的方向努力工作和发展，影响组织的学习方向。

（3）开放心智（Open-mindedness）：通过开放式的学习，促使组织成员保持开放的心态，积极与外界沟通交流，提升组织学习能力。

5.1.2.3　情境因素

情境指事件发生于其中的环境和背景。本书将从信任机制、企业文化、组织结构和信息技术四个方面来研究情境因素。

信任是指在一个无法预测的环境中对每一个当事人都能采取符合契约规定的行为的预期，是一种被用来应对不确定性的方法。

企业文化是指在一定的社会经济条件下通过社会实践所形成的并为全体成员遵循的共同意识、价值观念、职业道德、行为规范和准则的总和，是一个企业或一个组织在自身发展过程中形成的以价值为核心的独特的文化管理模式。

企业的组织结构，是企业全体职工为实现企业目标，在管理工作中进行分工协作，在职务范围、责任、权力等方面所形成的结构体系。

信息技术是指各种以计算机为基础的工具，人们用它来加工信息，并支持组织对信息的需求和信息处理的任务。

5.1.2.4　合作绩效

组织绩效测量主要有两类指标：第一类是客观绩效，主要指财务数据，包括资产回报率、销售增长率、市场占有率等。第二类是主观绩效，主要根据组织内人员对绩效的感知、主观判断来评价组织，包括工作满意度、组织承诺、顾客满意度等。

因此，本书从主观绩效和客观绩效两个方面来研究企业的研发合作绩效。

5.2　知识共享、组织学习与研发合作绩效的关系机理

5.2.1　知识共享与研发合作绩效的关系

知识经济时代，知识以及创造知识和运用知识的能力，是一个企业获得可持续竞争优势的最重要来源。在知识经济时代，决定企业长期绩效的因素是企业的创新能力，而跨单位知识共享是企业创新能力的源泉。基于资源的企业观（Resource-based View of the Firm）认为，企业所具有的有价值的、稀有的、不可模仿的、难以代替的资源是保持竞争优势的源泉。有效的知识共享可以加速知识在企业内的流动与综合，促进企业的知识创新，构建属于企业自身的独特的专有知识。知识共享的重要意义体现在：①知识共享是知识价值实现的重要途径；②知识共享是提升企业核心竞争力的途径；③知识共享是知识创新的有效途径。因此，知识共享对企业保持竞争优势具有重要的意义。

Shannon 提出基于通路模型（Conduit Model）的沟通学说，在通路模型中，存在于知识主体之间的通路障碍构成知识转移的阻力，这些障碍可能是语言、文化、外部干扰或其他因素，成功的知识转移需要去除这些通路障碍。英国学者 Alice Lam 提出知识的内嵌性，她认为知识内嵌于组织的社会文化、沟通方式、作业流程以及职位定义之中，难以剥离这些情境而孤立地转移（Garud & Nayyar，1994）。格路特和

纳亚（1994）认为知识随时间转移的难易程度影响着知识随空间转移到其他公司的难易程度，越容易被转移的知识，其战略价值就越低；而有的知识由于与存在于企业特有的辅助性资源相联系而具有保存价值，而其他公司由于没有类似的辅助资源而没有保存价值。

基于整合、优化思想的供应链管理强调各节点之间的协调，知识的共享与传播有利于减少供应链中的不确定性，使链上各个环节的知识达到协调和优化。首先在供应链内建立交流的网络，利用诸如电子邮件、声音邮件、音频会议与视频会议等基本的交流工具将各成员的知识源通过网络联系起来。同时为满足企业生存环境的快速变化的需要建立供应链与外部间的信息网络。簇群是某一特定领域内相互联系的公司和机构在地理位置上的高度集中。由于簇群中的企业是价值链上较为集中的一部分，各自间的知识和技术具有较强的关联性。同时簇群在地理、文化等周边环境上具有的一致性使得簇群内的知识共享更有效、更易实施。协同商务是企业间的共同合作，要求相互了解，需要相关知识的共享。其具有的开放性、动态性和虚拟性使得其中的知识共享也具有开放性、复杂性和增值性的特点。张成洪等（2003）提出了基于语义网技术的协同商务知识共享框架，可以支持协同商务中跨组织的知识交流，帮助协同商务中各成员及时准确的沟通，促进协同商务中的全面合作和创新，推进协同商务的研究和应用。这样的知识共享机制还可以用于当前的电子市场、供应链集成、虚拟组织、大型企业集团管理等各种跨组织跨部门的业务活动中。

近年来，管理学界对组织如何在组织合作中开发和利用知识这一问题进行了研究，取得了一些有意义的成果。在定性和实证研究方面，学者们主要研究了组织合作学习中的知识学习的过程、要素、模式、影响因素以及知识转移同某些管理要素（诸如企业绩效、创新等）的关系。例如，Albino 等（1999）研究了组织间的知识转移过程，并将其分解为"沟通过程"和"认知过程"两个基本过程；汪应洛和李勖（2002）研究了知识转移的"语言调制方式"和"联结学习方式"两种途径；Cummings & Teng（2003）研究了企业研发合作中成功进行知识转移的概念模型（该模型包含了四大类影响知识转移的因素，这四类因素分别为知识特性、企业间关系特性、知识接收者特性以及企业行为活动特性）；Chen（2004）研究了知识特性、联盟治理结构、吸收能力等因素对联盟知识转移的影响；Nooteboom（1997）通过理论分析指出了有效的知识转移将产生更加有效的合作创新。在定量研究方面，文献基本上都是从知识转移的成本及对企业的收益角度，结合产业经济学的企业竞争模型，以博弈论和优化理论为基本方法进行的经济效用分析。如 Lin 等（2005）运用博弈论方法研究了组织合作中组织间的非对称及不完全信息对组织知识转移的影响；Nti 等（2000）在建立博弈模型的基础上研究了组织合作中组织之间学习的差异化问题；Ryu 等（2005）通过建立组织知识学习的成本效益优化模型研究了组织如何使知识学习的经济效果更佳的问题。

随着研发的不断深入、复杂化程度加剧以及研发难度加大，研发结果的不确定性日益加剧，与此同时，研发成本也呈现不断上升的趋势。研发不确定性的提高和研发成本不断加大所带来的风险对于大部分企业而言是难以独立承受的。合作伙伴之间信息的充分交流有助于减小研发的不确定性和提高资金的使用效率。因此，研发的平均速度较高。有学者认为对于任意一项研发项目，不同企业采取的研发途径都不相同。合作企业之间通过研发战略和研发结果讨论能够更有效地选择适当的研发途径，从而使得研发的成功率上升，而实际资金投入在一定程度上也会减少。可见，企业间有效的知识共享可以导致企业研发成本的降低，技术上的创新。因此，以理论分析的结果为基础，本书提出如下假设：

假设1（H1）：知识共享与研发合作绩效显著正相关。

5.2.2 组织学习与研发合作绩效的关系

合作中相互学习能够提高企业自身开发新产品的速度。由于暗默性知识的存在以及难以定价，企业很难通过市场交易的方式来获得知识。根据学习理论的观点，组织间的合作关系是企业间进行知识转移的一个非常有效的途径。企业之间进行合作研发的意义不仅在于完成共同的项目，还能从合作过程的知识交换中增强自己的能力，为未来研发打下基础。

Fiol & Lyles（1985）指出大多数组织学习研究隐含了这样一个假定：学习可以提高组织未来的绩效。关于学习对绩效的影响，Bontis等（2002）在4I框架模型基础上，对组织学习的三个存量（个体层、团队层和组织层）和两个流量（前馈和反馈）与组织绩效的关系进行了实证研究，证明了组织学习的三个存量与组织绩效正相关，而两个流量的不匹配则对组织绩效有负面影响。我国学者陈国权和郑红平（2005）在组织学习6P-1B模型的基础上，对组织学习影响因素、学习能力与绩效的关系进行了实证研究，证明了组织学习能力与组织绩效正相关，组织学习能力的机理要素与组织学习能力正相关。谢洪明（2005）以我国华南地区企业为调查对象，对市场导向、组织学习与组织绩效的关系进行了实证研究，表明组织学习起到了市场导向和组织绩效中介变量的作用，市场导向通过组织学习对组织绩效产生显著的影响。关于绩效对学习的影响，Greve（1998）通过实证研究揭示了绩效反馈与组织改变的内在联系：绩效越达不到期望水平，组织改变的可能性越大；而绩效越高于期望水平，组织改变的可能性越小。罗慧等（2004）将"绩效认知度"作为组织学习测度体系的重要一环，指出实际绩效和目标绩效之间的差异会引导组织认识到学习的必要性。

Bell、Whitwell & Lukas（2002）检验了组织的市场导向和学习导向对公司绩效的影响，发现市场导向和学习导向之间相互关联，并且都对公司绩效有积极的影响。Santos-Vijande（2005）通过实证研究检验市场导向和组织学习的关系，并分析市场导向和学习导向对公司经营绩效的影响。Santos-Vijande 假设市场导向可以激发高阶组织学习，从而提高组织的持续竞争优势。实证结果表明，组织学习、市场导向、以及公司绩效之间的确存在着某种关联。学习导向可以激发公司的市场行为，加强公司与战略客户的长期关系。但是，结构方程建模的结果表明，只有市场导向对公司绩效有积极的影响，学习对公司绩效没有直接作用。

Hamel（1991）认为，战略合作的根本目的就在于学习，通过学习获得各种有利于企业的知识资源积累以提高核心能力。并提出在学习方面的熟练程度（组织学习能力）的不同，会改变伙伴间"讨价还价"的相对能力，最终影响企业的合作绩效。在决定学习效果（知识获取）方面，学习过程比结构更为重要。而在学习过程中，组织学习能力发挥着主导作用（Moingeon & Edmondson，1996）。

关于组织学习对组织绩效影响，大多数学者的研究表明，组织学习对组织绩效有着显著的正面影响：①在财务方面，组织学习可以促进销售增长、提高获利能力等；②在营运绩效方面，组织学习可以缩短采购周期时间、促进新产品成功（Slater，1995）、提高市场占有率（Baker，1999）等；③在组织效能方面，组织学习可以提高员工的满意度、员工对组织的承诺等。但也有少数学者认为组织学习并非都能达到提高组织绩效的目的。个体学习不总是会引导到更好的理解力（Intelligent）或改善行为。甚至组织也有可能对于错误的事情，进行不正确或正确的学习（Huber，1991）。

本书认为，以学习为基础的知识取得，与绩效之间关系可能是复杂的，从短期来看，组织学习对组织绩效的影响也许是不明显的，这是由于组织学习与绩效两者之间的联系存在时间滞后（Time-lag）情形，使得实际观察时会产生一定的困难。但就长期而言，一个有效能的学习会对组织的绩效产生正面的影响，使组织比其竞争对手经营得更好，而缺乏效能的学习或许并不能提升组织的绩效，甚至可能降低组织的绩效水平。因此，以理论分析的结果为基础，本书提出如下假设：

假设2（H2）：组织学习与研发合作绩效显著正相关。

5.2.3 组织学习与知识共享的关系

组织学习是指组织将其成员经过学习得到的知识转化为组织的知识，并用来改善组织活动，从而进一步扩散、储存在组织内部的过程（Argyris & Schon，1996）。组织学习是建立在个人学习的基础之上的，但是，组织学习更多的是强调知识的转化、扩散和储存。这种能力被称为组织的学习能力，它可以体现企业吸收新知识的速度及转换效果。组织的学习能力通常可以分为三个方面：学习企图、吸收能力和整合能力三个方面（Cohen & Levinthal，1990）。企业必须具有学习的主观意愿，才会鼓励员工积极寻找、参与学习有价值的知识并加以吸收利用。企业进行合作研发，如果仅基于对合作方资源的依赖，而不是基于提高自身的组织学习能力，就有可能出现诸如窃取技术、"搭便车"等败德行为。组织的吸收能力是指组织辨别有价值的外部知识，进而消化吸收并加以应用的能力。组织的吸收能力越强，企业吸收转换外来新知识的速度与效率就越高。对于合作研发来说，吸收能力会直接影响知识的跨组织流动与共享。知识的整合能力包括内部与外部两种（Grant，1996），内部整合将组织内现有的知识采用新的方法加以重建，而外部整合则恰好相反。知识整合提高了组织内部及组织间的知识共通程度，使知识能够更加有效地沟通、传播和共享。

Lyles 和 Salk（1996）在一个关于 IJV 中知识获取问题的实证研究中检验了组织特征、结构机制和情境因素对于知识获取效果的影响。他提出，适应性机制，如学习能力、明确的目标（Articulated goals）、治理结构（合作方提供的技术和管理支持、组织培训的普及等）等和公司在合作中的学习效果正相关。同时还验证了知识获取的绩效对于合作绩效的其他指标的影响是至关重要的（Significant for All Indicators of Alliance Performance）。可见，企业间有效的组织学习可以加快知识的交流与转移，进而促进企业的知识共享。因此，以理论分析的结果为基础，本书提出如下假设：

假设 3（H3）：组织学习与知识共享显著正相关。

5.3　情境因素对知识共享、组织学习和研发合作绩效关系的影响

"情境"（Context）一词系指"事件发生于其中的环境和背景"。Context 的概念在语言学、文学、历史学研究中均受重视。语言学中有语义和语境之分，语义研究文句本身，即着重 Text；而语境即 Context，

则要求把握上下文和字里行间的含义，以至文句陈述的情景和背景。借鉴语言学中"文本"和"语境"的概念，有助于我们看清管理研究与自然科学、工程科学研究的差异。自然科学、工程科学着重于"文本"或"本体"，只研究系统（对象）的主体，按一定边界将本体和环境分离开来。但是，管理系统要复杂得多，正如李怀祖（2004）所述，管理系统的输入、处理、输出和反馈都与主客观背景融为一体，难以像工程技术系统那样做到系统本体和环境在一定条件下隔离处理。在管理领域，因为受到情境因素的影响，系统本体转换模式往往具有权变性。总之，管理系统的本体和情境不可分，不研究情境难以探明管理系统的真谛。

就本书而言，知识共享、组织学习与研发合作绩效的关系并不是简单的一成不变的，而是一个复杂的过程，同时受到组织、管理、技术等多方面因素的影响，而且与组织的内外部环境密切相关。因此，研究知识共享、组织学习和研发合作绩效的关系不能脱离企业的环境背景，除了考虑他们的直接影响外，还必须以权变的眼光看待情境因素对其影响过程的影响。

在本书中，考虑四类情境因素：信任机制、企业文化、组织结构和信息技术。本书假设这四类情境因素都有可能影响知识共享、组织学习和研发合作绩效之间的关系。

5.3.1　组织结构对知识共享、组织学习和研发合作绩效关系的影响

企业的组织结构，是企业全体职工为实现企业目标，在管理工作中进行分工协作，在职务范围、责任、权力等方面所形成的结构体系。

组织结构对于促进知识的转移和传播具有重要作用，传统的组织

结构模式已经限制了企业共享知识的能力（Lubit，2001）。知识管理领域的权威学者野中郁次郎（Nonaka）、鲍耶（Bauer）、巴特利特（Bartlett）和奎恩（Quinn）等都在他们的研究中解释了组织需要变革的必要性和重要性（拉各斯等，2002）。在其知识创造理论中，Nonaka（1994）提出了一种能支持这种过程的组织结构——"超文本"组织结构，这是一种具有多重连接方式的分层结构，工作团队在此结构中占有主要地位。知识创造是隐性知识和显性知识相互作用、相互转化的过程（Nonaka，1994）。因此，这种"超文本"结构必然也会促进隐性知识在组织内的转移。同时，企业组织机构设计方式影响知识共享。金字塔式的层级管理结构，过多的组织层级对知识和信息会产生过滤作用，阻碍知识和信息的快速、顺畅流动，不利于组织内知识共享的实现。企业内部知识共享要求企业转变组织结构模式，要求组织结构简单化、扁平化、弹性化。组织结构的扁平化，有助于形成开放的、学习的、畅通的、互动的知识传播和反馈渠道。信息沟通与决策的方式和效率均可得到改变，这样客观上促进了主管与下属的沟通与协商，大大提高了信息传递的质量，减少了知识共享的环节，最大限度地促进知识流动和学习。所谓组织结构柔性化，即组织结构具有变动性，能够不断使企业目标与外部环境变化相适应；员工的工作岗位在一定程度上也具有变动性。员工本身是知识的载体，员工在各部门之间或层级之间流动，有助于知识特别是隐性知识的传播和共享。

Morgan（1986）认为在部门化的组织结构中，人们容易将注意力集中在自己的部门内而忽视了整个组织的问题，不利于组织学习。为了鼓励学习，组织必须破除机械的结构，采取更有机和富于柔性的结构。这需要新的管理哲学，鼓励开放、自省、接受错误和不确定性。

根据 Pedler、Burgoyne & Boydell（1991）的研究，松散的结构和角色、临时的部门以及为个人提供发展机会的结构边界有利于促进组织学习，重用组织边界上的员工以及跨组织的学习行为有助于推动组织学习。Marquardt（1996）指出，许多组织的结构常常制约它成为一个学习型组织。僵硬的边界、庞杂的规模、项目和任务彼此脱节、官僚作风等常常会扼杀学习。学习型组织的组织结构特征应该表现为弹性、开放、自由和机会。边界应该具有高度的渗透性，从而保证信息的自由流通和经验共享。企业的结构应该建立在学习需要的基础上，并且将充分的自由、支持和资源授予真正需要它们的员工。当任务、需求和人员有所变化时，结构也要随之调整。总之，构造企业的组织结构应该以最大程度上促进和支持组织学习为目标。Goh（1997）指出，组织为了生存发展和保持竞争力，需要不断地学习，这不仅是增加知识的积累，更重要的是建立高效的学习机制。诸如组织结构调整的管理实践有利于帮助组织建立高效的学习机制。Hernes 则指出组织学习与组织结构是相互约束的关系。Hernes（1999）认为由于组织结构中包含了组织的认知结构模式，所以如果在不改变认知结构的前提下将学习系统引入组织，其效果将是短暂的，这阻碍了组织变革的持续性。正确的做法是根据个人的学习模式对整个组织的结构进行全面的整改，从而将组织学习系统植根于组织的认识结构中。

知识共享、组织学习与研发合作绩效的关系受企业组织结构的调节。那些强调知识共享、组织学习并采用扁平化、柔性化结构设计的企业比起那些组织结构复杂化、僵硬化的企业具有较高的企业业绩。

企业绩效的提升需要广泛学习和共享别人的知识和技能，而知识的交流和学习又要求企业具有良好的有利于知识交流与传播的组织结构，使得组织成员具有收集和分享知识的组织条件。如果组织结构不利于知识的交流与传播，那么再多的传播工具也不能使知识共享和组织学习在企业绩效提升方面产生重要作用。目前普遍认同的一个观点是，组织结构对企业知识的共享和组织学习有一定的影响，合理的组织结构有利于促进知识的交流与学习。因此，以理论分析的结果为基础，本书提出如下假设：

假设4（H4）：企业的组织结构设计方式不同，知识共享、组织学习及其对研发合作绩效的影响有显著差异。

H4-1：企业的组织结构扁平化、柔性化，知识共享对研发合作绩效有显著影响；企业的组织结构复杂化、僵硬化，则知识共享对研发合作绩效的影响不显著。

H4-2：企业的组织结构扁平化、柔性化，组织学习对研发合作绩效有显著影响；企业的组织结构复杂化、僵硬化，则组织学习对研发合作绩效的影响不显著。

H4-3：企业的组织结构扁平化、柔性化，组织学习对知识共享有显著影响；企业的组织结构复杂化、僵硬化，则组织学习对知识共享的影响不显著。

5.3.2 信息技术对知识共享、组织学习和研发合作绩效关系的影响

知识管理系统作为实现知识管理的计算机信息管理系统，是一个具有知识管理能力和协同工作能力的软件系统，是一种集管理方法、知识处理、智能决策和组织战略发展规划于一体的综合系统，是知识管理的实施平台。作为知识管理的重要部分，知识共享的实现同样需要依托于一定的技术基础，这涉及网络技术如 Internet/Intranet/Extranet、WWW、信息高速公路、面向对象技术和数据库技术、软件开发

语言、分布式数据库技术、协同工程技术、知识推送和代理技术、知识仓库和知识挖掘技术等。由于各个企业的信息化程度不同，对上述诸项技术的掌握不同，其知识管理系统的成熟程度也存在着极大的差异。在供应链企业间的知识共享过程中，如果共享各方的知识管理系统的差异较大，将会极大地影响知识共享的效率。即便共享各方的知识管理系统相当，不同系统之间的兼容问题也不容忽视。为了解决这一问题，各个节点企业都应加快自身信息化建设的脚步，并尽量选择那些兼容性好、升级方便的技术，力图为知识共享扫清技术上的障碍。

随着现代信息科学和网络技术的发展，信息技术越来越多地影响到组织的各个层面。Brown & Duguid（1991）等提出新技术（如多媒体、通信、计算机辅助学习等）会有很深远的研究价值。Grantham 认为技术可以用来加速沟通、引出隐性知识、记录悟性或洞察力的发展并对这些记录分类。这些都可以极大地加速组织学习。

信息技术对组织学习的影响可以是直接的，也可以是间接的。比如，组织利用信息技术进行知识存储和共享，就是一种直接影响。信息系统的导入使组织结构扁平化，进而加速信息在各个管理层次之间传播，就是一种间接影响。因此，以理论分析的结果为基础，本书提出如下假设：

假设 5（H5）：企业的信息化程度不同，知识共享、组织学习及其对研发合作绩效的影响有显著差异。

H5-1：企业的信息化程度高，知识共享对研发合作绩效有显著影响；企业的信息化程度低，则知识共享对研发合作绩效的影响不显著。

H5-2：企业的信息化程度高，组织学习对研发合作绩效有显著影响；企业的信息化程度低，则组织学习对研发合作绩效的影响不显著。

H5-3：企业的信息化程度高，组织学习对知识共享有显著影响；

企业的信息化程度低，则组织学习对知识共享的影响不显著。

5.3.3 企业文化对知识共享、组织学习和研发合作绩效关系的影响

企业文化是企业生存的基础、发展的动力、行为的准则和成功的核心。从狭义范围说，它包含企业传统、企业价值、企业精神和主导意识形态等。企业为了谋求生存、巩固和发展，在长期的科研、生产和经营活动中逐渐形成了正向的、健康的、向上的价值取向和主导意识，并被企业的全体员工接受和认可，这就是企业文化。形态完备的企业文化，通常表现为企业组织生产、规划经营、实施管理、规范行为的指导思想。它为员工提供于企业和个人有关的目标，因而是企业引导全体员工前进的旗帜；它向员工提供共同的思想方式和行为规范，使员工具有共同的思想感情，共同的归属感，相同或相似的利益观念，从而增强企业的向心力和凝聚力；它能协调各种关系，正确处理人与人、人与企业的关系，化解企业改革过程中的各种矛盾冲突和利益冲突，以保证知识共享、组织学习的顺利进行，从而进一步提升企业绩效。

Kimball（1998）在研究知识工作者的学习态度时，发现组织文化会影响个人的学习动机、态度与成效。因此，组织若能创造一种"鼓励学习"的文化，则组织成员就较易与他人分享本身的经验与知识。再者，若是一个组织能够鼓励员工多做尝试、能够接受员工的试误，则创新的文化就能够产生。Fiol & Lyles（1985）认为相关的因子如文化和战略都可以影响组织学习。组织可以采用特定的文化和战略鼓励学习。组织的文化（信仰、意识形态、价值和规范）和组织内的资源（金钱、人员等）能够决定学习的质量和数量。企业的学习文化也有

助于创造组织学习的条件，比如支持组织成员进行创新实验、鼓励组织成员从经验中学习、领导者给予反馈和引导等。

Schein（1996）认为一个具有知识共享文化的组织，将个人的想法与灵感与他人分享会被成员视为一件理所当然的事情，而并非迫于无奈才与他人分享，这样，组织的创造力与学习力就在很自然的情况下产生了。Zhou（2004）通过实证研究发现组织文化和组织结构是影响制造企业隐性知识获取的重要因素。DeTienne 等（2004）在其知识转移理论模型中重点分析了组织文化的 3 个关键组成部分：合作参与、信任和激励，他们指出如果企业没有鼓励合作参与和高度信任的文化，知识管理效果将大大受损。McDermott & O'Dell（2001）与 Pan 和 Scarbrough（1999）验证了促进和奖励知识共享的组织文化对企业内知识的转移和共享具有积极作用。Greengard（1998）指出知识管理与知识共享需要文化的变革，必须建立一种信赖分享、支持的组织文化。Ganesh（1998）也指出知识的表达和意义会随着历史、文化、个人特征而有所不同。因此，若要管理好知识，则要去注意组织的历史、既存的文化及个人的特征，因此，他认为信任与开放的文化较适合组织成员进行知识共享。Marilyn（1998）也认为知识友善、开放与信任的组织文化，较易达成组织知识共享的目标。Martiny（1998）在研究惠普公司（HP）的知识管理个案时，指出 HP 相信 21 世纪成功的组织，必须要能够管理好其员工的知识（如取得、储存），而且要做好知识管理，必须要创造一个每个人都愿意和别人分享知识及鼓励创造知识的环境。在此个案中，明确指出知识管理开始于分享与创造知识及一个知识友善的文化，另外也指出知识管理的组织必须具备有开放及信任的文化。Preffer & Robert（1999）认为组织若能支持、创造出信赖的环境，再使用开放的沟通方式及授权给员工，并建立合作及互相学习的文化，则组织成员间较易产生知识共享的行为，团队工作的绩效就较佳，也较易将知识转化为行动。Zielinski（2000）指出若没有一个积极鼓励及奖励分享的文化，则知识转移不可能那么容易就发生。Martin（2000）认为组织文化是知识管理成功与否的关键。知识共享文化须营造一个充满信任与开放的环境，在此环境中，持续的学习与实验是被赋予高度的价值、赞赏与支持的。

知识共享、组织学习与研发合作绩效的关系受企业文化的调节。那些强调知识共享、组织学习并采用激励、开放型的企业文化比起强调竞争的企业文化具有较高的企业业绩。

企业绩效的提升需要广泛学习和共享别人的知识和技能，而知识的交流和学习又要求组织成员具有收集和分享知识的思想准备。如果一个组织没有好的文化风气和激励机制来鼓励员工共享有关知识，那么再多的传播工具也不能使其在企业绩效提升方面产生重要作用。激励的主要含义是引发与推动，本书将激励定义为推动员工行为的动力来源。受到激励的员工，其工作绩效会明显提高，且抱怨的次数、缺勤率、怠工及离职率明显减少。每个企业都不可避免地存在"知识利己主义者"，他们掌握了一些特殊的技巧和经验，为了维护自己在企业中的特殊地位而不愿意把自己拥有的隐性知识与其他员工共享。尤其在知识型企业中，员工可以凭借拥有的隐性知识而获得公司奖金、晋升和声誉等。对隐性知识的拥有者而言，传授隐性知识不仅需要耗费时间和精力，无形中也增强了竞争对手的能力，给自己增加了威胁。如果企业对知识共享的合作行为给予奖励，员工将乐于提供更多的知识、经验和思想与其他员工共享。企业文化营造了企业知识共享的基本氛围，它将熏陶企业中的每个人、每个团队和每个部门。在企业中，过多强调竞争、强调人员等级差别、权力差别，就会强化企业员工对个人知识的防护心理。因为员工认为自己的知识是自己在企业生存立足和往上晋升的筹码，一旦公之于众，就会增加竞争对手，对自己不利。出于利益的考虑，他们往往会有所保留，不愿意将自己的知识和经验告知他人，或者输入到企业的知识库中。显然，这种企业文化是不利于知识共享和学习的，而那些强调在竞争中合作、在合作中竞争，比较有利于知识共享和组织学习。一方面，竞争使员工不断学习新东西，创造和积累新知识，使得他们有更多可以与人共享的知识。另一方面，合作使员工可以从合作伙伴那里分享一部分知识，有时他们会受到同伴的启发，有利于他们获取有关新知识、新技术的信息，明确学习和知识创新的方向。如果企业文化是宽容的，允许员工发表不同的意见，容忍员工的失败，就会鼓励员工之间的知识共享和知识创新，否则就没有人敢献计献策，这样会扼杀许多新点子、新思路。Ernst & Young 咨询公司的调查数据显示，被调查企业最关注三个方面的知识：有关顾客和市场的知识；公司内部运营情况；本公司的竞争力。在回答知识共享过程中的最大障碍这一问题时，被调查者有 54% 认为是企业文化。可见，企业文化对知识共享、组织学习与研发合作绩效关系的影响是很显著的。因此，以理论分析的结果为基础，本书提出如下假设：

假设 6（H6）：企业的文化氛围不同，知识共享、组织学习及其对研发合作绩效的影响有显著差异。

H6-1：企业文化的学习氛围好，知识共享对研发合作绩效有显著影响；企业文化的学习氛围差，则知识共享对研发合作绩效的影响不显著。

H6-2：企业文化的学习氛围好，组织学习对研发合作绩效有显著影响；企业文化的学习氛围差，则组织学习对研发合作绩效的影响不显著。

H6-3：企业文化的学习氛围好，组织学习对知识共享有显著影响；企业文化的学习氛围差，则组织学习对知识共享的影响不显著。

5.3.4 信任机制对知识共享、组织学习和研发合作绩效关系的影响

信任是指在一个无法预测的环境中对每一个当事人都能采取符合契约规定的行为的预期，是一种被用来应对不确定性的方法（Bidault et al.，1997）。信任缺失是联盟失败的关键因素。威廉姆森以及新制度经济学把信任的缺失看作交易成本的根源。

在需要相互合作和相互依赖的供应链企业间的知识共享与组织学习活动中，信任是一个很重要的因素，它是供应链成员对彼此诚实、合作行为的预期。

众多有关知识传递和组织学习的文献都指出，信任能够促进人们之间的信息、经验、知识的交流。合作伙伴间高层次的信任能够极大地促进高效的知识传递和组织学习。当知识转移的双方之间存在信任的时候，人们更愿意给予对方有用的知识，同时也将更愿意接受和吸收他人提供的知识。

信息资源管理协会（IRMA）为 2004 年年会准备的关于人们对"知识共享的态度"的调查问卷中，42% 的题目是关于组织成员之间的信任问题的，可见人们对信任问题的关注程度。具体来说，Zand（1972）发现，与成员之间相互信任水平较低的实验组相比较，在具有较高信任水平的实验组内，信息交流的准确性和及时性都较高。Zand 对他的发现做出了解释：由于对同伴的信任，使信任主体减少了对同伴的控制，并且更愿意接受同伴对自己的影响，同时给予同伴更为准确和完整的

数据信息。这一结论为信任能够促进不同个体之间的知识转移的观点提供了最初的理论和实证证据。

Tsai & Ghoshal（1998）通过数据验证了部门的可信性（Trust Worthiness）与部门之间的资源交换具有显著的正相关关系。这里的资源包括：信息、产品或服务、人员以及其他方面的支持，而组织和个人的知识必然附着于这些资源之上。这就为信任能够促进知识转移提供了另一实证证据。Szulanski（2000）进一步从反面验证了不信任对于知识转移的消极作用，他从妨碍知识转移的因素入手，证实了知识提供方缺乏可靠性是造成知识转移在前三个阶段中出现困难的主要因素。他提出，如果接受方认为提供方不可靠，那么接受方将不愿意吸收、运用提供方所提供的知识。Andrews & Delahay 认为，接受方感受到的提供方的可靠性（Perceived Credibility）和提供方所感受到的接受方的可信性（Perceived Trustworthiness）分别在知识的获取和共享过程中起着重要的促进作用。他们还认为信任在知识共享中的重要性甚至超过了正式的合作程序，因为如果没有信任的存在，知识共享就不可能发生。

Levin & Cross 将信任分为基于能力的信任（Competence-based Trust）和基于善心的信任（Benevolence-based Trust），在此基础上，他们通过数据分析了两种不同维度的信任均与接受方感受到的所获知识的有用性之间存在显著的正相关关系，继而提出，信任能够促使接受方减少对知识的验证并更愿意接受并运用提供方的知识。Koskinena 等（2003）分析了项目团队中隐性知识的获取和共享，研究结果发现，项目团队成员彼此能够面对而互动的情景强化了隐性知识的共享，并且共同的语言、相互的信任和彼此的相似性提高了隐性知识的效用级别。Dyer & Singh（1998）则认为非正式的互惠规范和信任能够有效地提高知识共享的程度并且防止"搭便车"现象。Larson（1992）对创新型公司与顾客关系的研究表明，互惠规范使得公司能够控制知识共享，更加自由地学习，并且扩大知识共享的范围。

知识共享、组织学习与研发合作绩效的关系受信任机制的调节。那些强调知识共享、组织学习并且具有高度信任机制的企业比起信任缺失的企业具有较高的企业业绩。

企业绩效的提升需要广泛学习和共享别人的知识和技能，而知识的交流和学习又要求组织成员具有一个充分互信机制，尤其在知识型企业中，成员间为了维护自己在企业中的特殊地位而不愿意把自己拥有的隐性知识与其他员工共享，进而可能会减弱甚至消除知识共享和组织学习在企业绩效提升方面所产生的重要作用。

因此，建立在互惠和信任基础上的关系使得知识更容易转移，从而降低了组织间隐性知识转移的难度。企业隐性知识的共享不仅受知识拥有者传授能力和知识获取者学习能力的影响，还取决于知识拥有者和知识获取者之间的信任程度，尤其是在需要反复交流、模仿和反馈才能得以共享知识的情景下，知识拥有者和知识获取者之间的信任对隐性知识的共享效率起决定性作用。社会学家科尔曼认为，"许多社会交换不是在相互竞争的市场结构中进行的，而是在各种信任结构和权威结构中进行的"，如果信任能成为企业员工相互交往的基础，企业就能建立起一种隐性知识共享的良性循环；否则，就会进入一种隐性知识保密的恶性循环。当企业刚成立时，企业员工之间没有合作经验，每个员工都担心其他员工把自己的隐性知识学会后轻视自己，进而威胁自己在企业中的地位，故企业隐性知识共享效率极为低下。随着企业员工之间的慢慢磨合，逐步拥有比较接近的态度、信仰和情感，逐渐建立起信任关系后，企业员工都愿意为获得共同目标而共享隐性知识，因此，隐性知识共享各方的信任程度越高，知识共享的效率越高。因此，以理论分析的结果为基础，本书提出如下假设：

假设7（H7）：企业间相互信任程度高低不同，知识共享、组织学习及其对研发合作绩效的影响有显著差异。

H7-1：研发合作中，企业间信任程度高，知识共享对研发合作绩效有显著影响；企业间信任程度低，则知识共享对研发合作绩效的影响不显著。

H7-2：研发合作中，企业间信任程度高，组织学习对研发合作绩效有显著影响；企业间信任程度低，则组织学习对研发合作绩效的影响不显著。

H7-3：研发合作中，企业间信任程度高，组织学习对知识共享有显著影响；企业间信任程度低，则组织学习对知识共享的影响不显著。

6 研究设计

6.1 变量的选择与度量

组织学习、知识共享和研发合作绩效的关系是本书的研究对象，也是构成本书结构方程模型的三个基本变量。但是在实际的企业管理实践中，这类变量都属于不可观测的潜在变量（Latent Variable），需要用可观测的细分指标来描述这些潜变量下面的显变量，从而获得可供统计分析的数据。所以指标体系的选择和问卷构建的优劣直接影响到量表生成的质量，最终影响到本书结论的有效性，因而显得非常重要。

由于目前国内组织学习、知识共享和研发合作绩效的研究尚处于理论探讨阶段，国外相关的实证研究相对较多但结论缺乏统一性，而且我国企业合作的社会背景、竞争环境和国外企业有着很大差别，所以本书指标体系的建立缺乏成熟的理论基础可借鉴。有鉴于此，本书没有简单照搬国外的结构，而是结合我国企业的实际发展水平，在对国内外有关理论进行文献研究的基础上，编制了《知识共享、组织学习与供应链企业间研发合作绩效关系的调查问卷》。首先通过对小样本问卷数据进行探索性因子分析和一致性信度分析，对初始问卷指标体系进行修正之后，形成更符合本书研究目的和实际研究对象的指标项。再以此形成大样本问卷，通过对大样本数据的信度分析和验证性因子分析之后，形成正式的指标体系，即量表生成。这个过程旨在使整个问卷的指标体系更为科学严谨，有助于在假设检验和深入分析中得到有价值的研究结论。

6.1.1　知识共享程度的测度

为了提高知识共享理论的现实指导性和易操作性，我们有必要建立具有较高信度和效度的知识共享评估体系，只有对其过程进行有效测量，我们才能对其活动进行有效的管理，进而科学指导企业活动。然而目前国内外关于知识共享测量方面的研究还很少。

本书知识共享机理因素的研究是基于野中郁次郎和竹内弘高提出的知识创造过程机理，因此在衡量知识共享时采用了野中郁次郎和竹内弘高（2000）评估知识创造水平所用的概念和指标，这些概念和指标已经被证实为有效的并为其他研究所引用（Byounggu，2002）。野中郁次郎等按照知识创造的四个过程把衡量指标分为四大部分：社会化过程、外化过程、组合过程和内化过程（Nonaka，2000）。

本书根据实际情况对个别指标作了进一步改进，共采用 14 个题项来度量。由于我们按照知识共享的四个过程来综合衡量企业的知识共享程度，所以每个过程都设立了多个度量指标。具体衡量指标见表6-1。

表 6-1 知识共享衡量指标

知识共享	机理要素
社会化程度（KS1）	KS11：企业隐性知识的积累程度； KS12：企业从供应商、用户那里获得有价值信息的程度； KS13：企业与供应商、用户共同分享经验的程度； KS14：企业隐性知识的转移程度
外化程度（KS2）	KS21：企业已有产品或服务的手册、技术文档资料的数量程度； KS22：企业成员利用已有的显性知识通过探索得出独到的想法程度； KS23：企业成员向企业领导或团队提出自己想法的程度
整合程度（KS3）	KS31：企业对已成型的文献或技术资料进行分类整理的程度； KS32：企业关于产品或服务的数据库建设程度； KS33：企业通过整理技术信息和公开资料得出新创造性材料的程度
内化程度（KS4）	KS41：企业成员之间展开探索性或具有创造性的对话程度； KS42：企业成员具有推理和带启发性的思考程度； KS43：企业成员在对话中采用可以促使概念创造的隐喻方法程度； KS44：企业新建的关于研发产品或服务的手册和文档数量程度

（1）社会化阶段的知识转移（个体到个体—隐性到隐性）：在知识转移的第一个阶段，主要是个体隐性知识的积累和不断传递的过程，仅仅是一个量变的过程。社会化过程是隐性知识到隐性知识的转化过程，是个体之间分享经验的过程。知识的社会化过程是知识发展螺旋的起点，是个体之间知识转移和共享的过程。

（2）外化阶段的知识转移（个体到团体—隐性到显性）：是挖掘隐性知识并将其发展为显性知识的过程，属于个人的隐性知识转化为群体的显性知识的过程。

（3）整合阶段的知识转移（团体到组织—显性到显性）：是若干群体的显性知识转化为组织的显性知识的过程，是将显性知识发展为更复杂的显性知识的过程。

（4）内化阶段的知识转移（组织到个体—显性到隐性）：是将组

织显性知识转化为个人的隐性知识的过程。

企业的知识共享程度体现在知识共享的各个过程阶段中：社会化程度、外化程度、整合程度、内化程度（以下称为程度要素）。各个程度要素有不同的设计原则或机理（以下称为机理要素）。各阶段的机理要素促进知识在各阶段的共享程度。

6.1.2　组织学习能力的测度

国外学者对组织学习度量进行系统化的研究主要始于 20 世纪 90 年代中后期。Hult & Ferrell（1997）根据组织学习的特性，分别从团队（Team）导向、系统（Systems）导向、学习（Learning）导向及记忆（Memory）导向四个因素来衡量组织学习；Baker & Sinkula（1999）以及林义屏等则以市场信息流动过程（Market Information Processing）为基础，提出以对学习的承诺（Commitment to Learning，指组织将学习视为公司最主要的基本价值）、分享愿景（Shared Vision，指组织中的主管会将公司未来发展的愿景与员工互相分享）及开放心智（Open-mindeness，指组织不能受限于仅以自己熟悉的方式去思考，能超越成规创意思考）三个变量来衡量组织学习。

Goh 和 Richards 提出学习型组织评价的 5 个维度：明晰的目标和愿景、领导承诺和授权、探索创新和激励、知识共享、团队工作解决问题。吴价宝（2003）在 Richards 和测度体系的基础上，增加了"员工教育与培训"和"组织文化"两个维度，并对原有的 5 个维度做了调整，提出了 7 维度、35 指标的评价体系。罗慧等（2004）提出了组织学习测度的 EPCETVLS 模型，包括"环境认知度""绩效认知度""组织包容度""实验认知度""培训持续性""运过多样性""领导模式"和"系统性"8 个因素，每个因素包括 2~6 个子因素。陈国权和郑红平开发了一个测量组织学习能力的量表，共 7 个分量表（发现能力、发明能力、选择能力、执行能力、推广能力、反馈能力、知识管理能力）。Child（1984）认为合作学习的能力主要由下列因素决定：知识本身的转移能力、合作成员对新知识的接受能力、组织成员对新知识的理解与吸收能力、组织成员的经验总结能力。

可见，学者间对组织学习仍没有一定程度的共识，组织学习的可操作性定义与衡量，似乎是由研究者依实际研究情境来加以诠释的，而在这些衡量方式中，尤以 Hult & Ferrell（1997）与 Sinkula、Baker & Noordewier（1997）这两组学者所发展的量表，对组织学习的内容之衡量最为完整与全面。

本书衡量组织学习的量表系来自 Baker & Sinkula（1999）根据 Sinkula、Baker & Noordewier（1997）所发展的衡量组织学习量表修正而来，其中包含三个构面的 19 个变项，该量表将组织学习视为由对学习承诺（Commitment to Learning）、共享愿景（Shared Vision）及开放心智（Open-mindedness）三个构面所组成。将此三个构面的可操作性定义与衡量变项列述如下：

学习承诺：在组织学习导向的基础上，促使组织成员达成有关学习的承诺，以此影响成员的学习态度。学习承诺可以用 6 个测项来测量，包括：管理层基本认为企业学习能力是其获取竞争优势的关键；企业的基本价值观认为学习是企业进步的关键；企业内部都认为员工学习是一种投资，而不是一种花费；在企业中，学习被认为非常有益于企业生存；我们企业的文化并不把员工学习摆在优先地位考虑；我们企业有一个共识，即一旦停止学习，就可能危及企业的未来。

共享愿景：通过愿景的建立和共享，促使成员向组织期望的方向努力工作和发展，影响组织的学习方向。共同愿景可以用 6 个测项来测量，包括：我们很清楚我们是谁和我们向何处去；在企业中有一个共同的目标；组织的各个部门、层级和分支机构在组织愿景上是完全一致的；所有的员工都对组织的目标持有坚定的态度；在规划企业发展方向时，员工都将自己看作参与者；高层管理者坚定地相信与基层员工共享企业愿景是有益的。

开放心智：通过开放式的学习，促使组织成员保持开放的心态，积极与外界沟通交流，提升组织学习能力。开放心智可以用 7 个测项来测量：我们经常会对自己做事情的方式方法进行批判性的反思；我们企业的管理者不希望自己做事情的方式方法受到质疑；企业各部门非常鼓励思想开明；管理者鼓励员工要打破旧的思维模式；我们企业的文化并不强调持续的创新；在我们企业中，创造性的想法经常会得到好的评价；我们经常深刻反省自己对待客户的态度。

基于以上观点，本书从学习承诺、分享意愿和开放心智三个方面来衡量企业的组织学习能力。本书根据实际情况对个别指标做了进一步改进，共采用 13 个题项来度量，具体衡量指标见表 6-2。

表 6-2　组织学习衡量指标

组织学习	衡量指标
学习承诺 （OL1）	OL11：管理层基本认为企业学习能力是其获取竞争优势的关键； OL12：企业的基本价值观认为学习是企业进步的关键； OL13：企业内部都认为员工学习是一种投资，而不是一种花费； OL14：在企业中，学习被认为非常有益于企业生存； OL15：我们企业有一个共识，即一旦停止学习，就可能危及到企业的未来； OL16：我们企业的文化并不把员工学习摆在优先地位考虑
共同愿景 （OL2）	OL21：在企业中有一个共同的目标； OL22：组织的各个部门、层级和分支机构在组织愿景上是完全一致的； OL23：在规划企业发展方向时，员工都将自己看作参与者

续表

组织学习	衡量指标
开放心智 （OL3）	OL31：我们经常会对自己做事情的方式方法进行批判性的反思； OL32：在我们企业中，创造性的想法经常会得到好的评价； OL33：管理者鼓励员工要打破旧的思维模式； OL34：我们企业的管理者不希望自己做事情的方式方法受到质疑

6.1.3 情境因素的测度

于培友认为战略、组织结构、文化三个维度在联盟的知识的交流和学习中最为关键。其中战略因素主要是指组织的战略目标，组织在联盟合作时的动机和价值取向。组织结构是指合作双方各自的权利结构、激励制度等因素。文化主要指企业的价值取向以及企业的非正式的制度因素。这三个维度构成了企业知识情境的边界。唐炎华、石金涛在综述国外知识转移相关理论的基础上提出了个体关系特征、组织关系特征、组织的学习文化、社会网络特征、目标任务特征5个知识转移的情境因素。Gupta & Govindarajan（1991）在分析跨国公司内的知识流动中，用任务环境、结构特性、行为要求（可以看成组织文化）三方面来界定主要的情境变量，研究这三类情境变量与知识流动之间的关系。徐金发、许强、顾惊雷提出企业知识的五个情境维度，包括文化、战略、组织结构和过程、环境、技术和运营。

通过上述知识转移中情境因素的研究可以看出，有关知识转移中的情境因素研究目前主要集中在文化、组织结构与组织技能、外部环境三方面，基于本书提出企业知识共享的四个情境维度，包括组织结构、信息技术、企业文化、信任机制（见表6-3）。

表 6-3　情境因素衡量指标

情境因素	衡量指标
组织结构（QJ1）	QJ11：本企业具有扁平化的组织结构设计； QJ12：本企业的组织结构设计具有柔性化； QJ13：本企业能够应对环境快速变化所带来的挑战
信息技术（QJ2）	QJ21：本企业认为信息技术对企业发展具有非常重要的战略意义； QJ22：本企业有计算机辅助学习系统或工作系统； QJ23：本企业有适当的信息设备进行知识存储和共享； QJ24：本企业员工可以方便地上网进行信息交流； QJ25：本企业尽量搭建学习平台和营造学习氛围，以促进伙伴间的互动学习与交流
企业文化（QJ3）	QJ31：本企业与合作的供应商在管理风格上有相似之处； QJ32：本企业与合作的供应商在企业文化和价值观上能够求同存异，互相学习； QJ33：本企业与合作的供应商在许多关键原则上彼此认同
信任机制（QJ4）	QJ41：本企业与合作的供应商之间的信息以及企业内部信息均实现了广泛共享，甚至包括一些敏感信息； QJ42：即使出现了可以获取较高回报的项目，但如果损害了现在合作的供应商利益，本企业也不会采纳； QJ43：即使供应商发生一些失误，本企业仍然不轻易中断合作，而是双方协商一致解决问题

企业的知识交流与学习具有开放性，受内外环境的影响，并与内外环境存在知识的交流关系。企业外部环境变化的不断加剧，会直接影响企业的知识共享程度和组织学习能力，进而影响企业的创新能力。

组织文化在知识的交流与学习过程中具有举足轻重的地位，据亚瑟·安德森公司和美国生产力与质量中心对 70 多家公司进行的调查研究显示，88%的人感到营造开放和信任的气氛对知识的交流与学习很重要。

相互信任是知识交易的灵魂面。企业员工之间彼此信任，会减少沟通的成本和障碍，促进知识的共享和学习。知识所有者一般不会完全共享或完全不共享其知识资源，而是共享其中的一部分，并随着对共享对象信任程度的改变而渐进地调节知识共享份额。

当企业组织结构能够创造更多的交流与沟通，有利于交流结果的共享、吸收与下传时，就会促进知识共享与组织学习的进程，反之将会阻碍这一过程。我们要变革传统的企业组织结构，朝扁平化、网络化、弹性化方向发展。

随着现代信息科学和网络技术的发展，信息技术越来越多地影响到组织的各个层面。Brown & Duguid（1991）等学者提出新技术（如多媒体、通信、计算机辅助学习等）会有很深远的研究价值。Grantham 认为技术可以用来加速沟通、引出隐性知识、记录悟性或洞察力的发展并对这些记录分类。进而促进企业间的知识共享与组织学习，提升企业的合作绩效。

6.1.4 合作绩效的测度

通过文献检索发现，到目前为止，还没有知识共享、组织学习与供应链企业间研发合作绩效的关系的专门研究。而这一课题无论对完善知识管理理论体系还是指导管理实践都具有十分重要的意义。在知识共享、组织学习与研发合作绩效的关系研究中，有许多需要回答的问题，如如何衡量企业的知识共享和组织学习效果，知识共享、组织学习对研发合作绩效的作用方向和作用大小怎样等。

组织绩效测量主要有两类指标：第一类是客观绩效，主要指财务数据，包括资产回报率、销售增长率、市场占有率等。第二类是主观绩效，主要根据组织内人员对绩效的感知、主观判断来评价组织，包括工作满意度、组织承诺、顾客满意度等。因为财务数据反映组织获利能力比组织内部有效指标滞后 2~3 年，越来越多的主观绩效被用来作为测量组织绩效的有效指标。对合作绩效的评价大多以利润、利润率、物流成本、客户满足率等指标为主，也采用其他评价方式，例如

Mcgee（1995）将合作绩效分为绝对绩效和相对绩效，其中相对绩效以目标达成度、利润度和利润增长率来衡量，绝对绩效以客户满意度、物流成本、获利能力以及关系持续性来衡量；Ganesan（1994）从短期绩效和长期绩效来进行评价，他认为供应链成员间的短期绩效是为了借由市场效率来获取利润，而长期绩效则有赖于建立良好的伙伴关系；Anderson（1999）认为由于伙伴成员间目的或合作形式不尽相同、成果价值不一定可加以量化、成员投入资源不同等原因，纯粹以产出的客观指标来衡量颇为不妥；Bucklin & Sengupta（1993）对合作成功的研究结果也表明，合作利益是难以量化的。

在管理学研究中通常采用绩效作为结果变量，来衡量影响因素变化所产生的效果。绩效评价一直被看作企业计划与控制的有机组成部分。有效的绩效评价与管理通过对企业的生产经营活动进行评估，可以帮助发现企业经营管理中的薄弱环节，提出改进措施和目标，使企业得以长足进步。

长期以来，评断一个企业的优劣主要是依据财务指标比较与其竞争对手间的获利能力及市场占有率。但是在经济全球化、贸易自由化以及信息网络化的知识经济时代和后工业社会，顾客需求瞬息万变，技术创新不断涌现，产品生命周期不断缩短，市场竞争日趋激烈，更多强调的是速度、成本和个性化，因此企业间的竞争重点已逐渐转变成谁能以最快的速度、最低廉的成本将定制化的产品送交到当前顾客手上，所以企业必须从以成本为中心转变为以多样化的顾客需求为中心，企业绩效考核体系也要同步转变，加大非财务指标的比重，重视对产品质量、顾客服务及满意程度的关注已成为现代企业绩效控制改革的方向。

杜荣等（2005）在分析同一个组织中各个经营单位之间知识共享

程度的一些度量指标和影响跨单位知识共享效果的一些权变因素的基础上，提出了一个刻画跨单位知识共享与企业绩效间关系的系统化模型，并研究了几种权变因素对跨单位知识共享和企业绩效关系的影响。汤建影和黄瑞华（2005）认为研发联盟企业间知识共享绩效的考察应从客观与主观两个层次展开。陈志祥等（2004）在《激励策略对供需合作绩效影响的理论与实证研究》一文中按照竞争要素把供应链中的供需合作绩效分为四个构面，即时间与柔性构面、成本构面、质量构面以及合作倾向性构面。

　　基于上述绩效评价的分析，本书关于知识共享、组织学习与供应链企业间研发合作绩效关系的考察主要从以下八个方面进行：新产品投入市场的速度、新产品的种类、产品生产成本的降低、企业业务量的增加、研发风险的降低、合作满意度的提升、合作目标的达成、企业自主研发能力的提升。其中前四个属于客观绩效的测度指标，后四个属于主观绩效的测度指标（见表6-4）。从时间和成本角度考虑，新产品投入市场的速度属于时间柔性指标；新产品种类和产品成本的降低属于成本指标；合作满意度和合作目标达成程度属于质量指标。上述指标的选取改变了传统的企业绩效评价只是对企业短期和过去绩效的评价，对于反映一个企业经济状况和发展前景的其他非财务指标未加考虑，以及财务评价方法时间上的滞后性的缺陷，可以从企业整体、动态的角度衡量企业的合作绩效状况，具有一定的科学合理性。

表6-4　合作绩效的衡量指标

合作绩效	衡量指标
客观绩效 （CP1）	CP11：通过合作研发本企业缩短了新产品开发的周期； CP12：通过合作研发本企业新产品的种类增加了； CP13：通过合作研发本企业的生产成本降低了； CP14：通过合作研发本企业的业务量提升了

合作绩效	衡量指标
主观绩效 （CP2）	CP21：通过合作研发本企业实现了参与研发合作的目标； CP22：通过合作研发本企业自主研发的能力提高了； CP23：通过合作研发本企业产品和服务的市场满意度提升了； CP24：通过合作研发本企业研发失败的风险降低了

6.2 问卷的设计及抽样过程

问卷的设计一般包括内容、提问及回答方式以及指标的选择。其中，问卷的内容、提问及回答方式属于问卷的基本情况，而指标的选择则需要对研究对象进行详细研究后才可得出。

6.2.1 初始问卷的形成与问卷预测试

在调查问卷中和本书研究目标相关的主体内容包括五个部分：

首先是问卷说明。主要是说明本次课题调研目的和基本情况，以及在回答问题时的一些注意事项。比如，调查的主体可以针对企业整体，也可以针对企业的某一部分。但要保证调查对象的内容一致性。

第一部分是企业及被调查者的概况。包括被调查者职位、企业所有制性质、所属行业类型、企业所处地区范围、合作程度等基本情况。主要是采取填空和选择的方式，由受访人作答。这部分的主要作用是收集某些基础数据，作为后期样本的描述性统计分析为本书提供更充分的数据支持。

第二部分是关于研发合作中企业的知识共享程度调查情况。本书按照现成的量表，对被访企业知识共享的社会化程度、外化程度、整合程度、内化程度的评价，依据企业实际情况，对量表进行了一定的修正。

第三部分是关于研发合作中企业的组织学习情况的调查情况。本书按照现成的量表，对被访企业组织学习的学习承诺、共享意愿、开放心智，依据企业实际情况，对量表进行了一定的修正。

第四部分是关于情境因素调查情况。依据本书假设模型，我们从被访企业的企业文化、组织结构、信息技术、信任机制这四个维度来衡量。依据企业实际情况制定相应的量表。

第五部分是企业研发合作绩效的调查。是受访企业对自己在研发合作中合作绩效水平的评价。

同时在问卷中设置了一些具有遴选性质的问题，作为判别问卷是否有效的重要依据。

在指标基本拟定之后，鉴于 Likert 5 分刻度的真实、可靠，因而本书就选取了这一刻度标准。由受访人对问卷中有关知识共享、组织学习、情境因素及合作绩效的各种描述指标进行打分，通过对这些可观测变量的分值进行统计分析：首先通过探索性因子分析寻找因子结构，其次通过交叉证实技术生成最终量表，通过 SEM 检验观测变量、隐变量和隐变量、隐变量之间关系，最后对文章提出的假设运用 AMOS 软件进行最终验证。

6.2.2　量表生成研究

许多研究者对量表生成进行了深入探讨，并依据不同的理解提出了一些有关量表生成的研究体系的理论。早在 1969 年，李克特（Likert）

就将量表生成的进程分为三个主体步骤：初始调查的设计、问卷生成、数据分析。由于李克特的观点层次结构清晰，因而其在管理学实证研究中备受青睐。大多学者倡导的量表生成理论也多以李克特的观点作为分类的基础。因此，本书借鉴量表生成理论，将量表生成分为三个步骤：问卷设计、量表构建、可靠性评价。

6.2.2.1 问卷设计

首先，第一步是从统计分析的角度去设计研究全过程。选择一个合适的总体是非常重要的。研究者将要确定是将单一产业或多个产业的企业还是利用混合型的企业作为研究总体。然后，样本大小的计划是十分关键的，不必要的大样本将会给研究者造成更多数据分析的麻烦。除此之外，整体设计还应考虑问卷组成中的以下因素：

问卷的长度。这个因素对于问卷反馈率有着重要影响。通常问卷越长，回收率越低。就构建组分的指标数目而言，其指标数应尽可能少，但必须大于3。

Likert 量表的分点数。一般在进行 Likert 量表分点数的确定上时，应十分小心。随着量表分点数的增加，问卷可靠性也逐渐增加；但当分点数高于5之后，由于刻度过小而使评分人不易分辨，问卷可靠性的增加比率相对较小。

问卷中量表、指标的编排顺序。就这个问题而言，学者们各行其说。一些研究者认为指标随机安置将会获得有效的结果。因为回答者在回答不同主题的问题时是逐个回答而不是逐组回答。相反，其他学者则声称问卷的编排应遵循逻辑的顺序有助于回答者更容易完成问卷。在衍化整体设计过程中，关注上述问题，必将会为设计的合理性、完善性提供有力的保障。

6.2.2.2 量表构建

在数据收集之后，量表的稳定性就可验证了。通常学者们建议将可靠性衡量与因子分析作为这过程的主要部分。但对于这些过程究竟采用哪种因子分析方法，学者们众说纷纭。不过，验证性因子分析与探索性因子分析不同的适用范围倒也让学者们认可当研究者已假定了量表结构，只希望检验预先确定结构的数据时，验证性因子分析是最适合这类情况的运用。学者们也普遍认为验证性因子分析比探索性因子分析更为严谨，尽管它同样有样本容量的要求。当问卷中分量表数增加时，大样本容量也应相应地变大。

6.2.2.3 可靠性评价

量表生成的最后一步便是量表结构的可靠性评价。尽管评价可靠性存在许多方法。但传统的衡量方法主要包括稳定性和内在一致性的检验。其中，稳定性的衡量是通过不同时间对同一样本反复的测试来完成的，但是由于时间的限制和难以寻求到愿意参与综观研究的样本客体等现实条件限制了社会科学中定性衡量的采用。评价每个指标的内在一致性将会为组成同一量表的指标的内部等同性提供可靠的依据。另外，可靠性衡量方法还包括折半检验，斜交旋转与正交旋转的因子分析比率和 Wert-Linn-Jorekog 系数。本书的内部一致性信度选用的 Cronbach'α 系数来进行评价。

6.2.3 问卷分析方法

本书采用 SPSS12.0 作为描述性统计与信度分析的工具，AMOS5.0 作为探索、验证性因子分析和结构方程模型分析的工具。分析方法与步骤简要概括如下：

（1）描述性统计分析（Descriptive Statistic Analysis）。主要是对企

业性质、行业类别、企业所属区域、问卷填写人员的基本情况等方面做描述，以显示问卷样本的代表性，是否符合预期要求。

（2）信度分析（Reliability Analysis）。针对本问卷主要的量表进行内部一致性分析，以信度系数 Cronbach'α 的值来衡量同一维度（或指标）下各测量题目的一致性，并检验各变量和量表的信度。

（3）验证性因子分析（Confirmatory Factor Analysis）。验证性因子分析用来检验知识共享、组织学习、情境因素各维度的收敛效度和构建效度。本书中的验证性因子分析等同于二阶测量方程，反映的是因子（潜变量）与其测量指标之间的关系。

（4）结构方程分析（Structural Equation Model）。回归分析（或更一般的路径分析）研究的是显变量之间的关系，如果面对的是潜变量，要想像回归分析那样研究它们之间的关系时，常用的做法是"化潜为显"，先设计若干指标去间接测量潜变量，通过指标的观测值"产生"出潜变量的"观测值"来，然后将潜变量当作显变量进行回归分析，但是这样做的缺点是没有同时考虑测量误差与变量之间的关系，在许多情况下据此得到的统计结果可能很不精确，甚至是错误的。当存在多个因变量需要回归且因变量之间存在相关关系时，传统方法往往显得无能为力。这些问题，结构方程模型都可以解决。

简单地说，结构方程模型可分为测量方程（Measurement Equation）和结构方程（Structural Equation）两部分。测量方程描述潜变量与指标之间的关系（如知识共享与知识的社会化、外化、整合、内化的关系），结构方程则描述潜变量之间的关系（如知识共享、组织学习等与合作绩效的关系）。

6.3 模型的验证方法与程序

6.3.1 验证方法的选择

因素分析是通过对一组众多的观测变量的相互关系（协方差矩阵或相关矩阵）的研究，发现并用少量的不可直接观测变量（即公因子，验证性统计方法中一般称为潜在变量）来解释众多观测变量间的关系，达到以简取繁，透过现象发现本质的目的。根据研究目的，因素分析的方法通常分为探索性因素分析（EFA）和验证性因素分析（CFA）。

验证性因素分析是因素分析法的一种，与探索性因素分析并为因素分析法的两大研究范式。1969 年瑞典统计学家 Joreskog 在美国的《心理计量学》杂志上发表了《验证性极大似然因素分析的一般方法》一文，第一个系统地提出了"验证性因素分析"的理论和方法，从而使因素分析的研究和应用步入了一个新的发展阶段，使因素分析的研究由探索性向验证性方向发展。20 世纪 70 年代后以 LISREL 为代表的结构方程模型软件日渐流行，以验证性因素分析、结构方程模式（SEM）等概念为代表的验证性因素分析方法逐步取代了探索性统计分析方法而居于主流。20 世纪 80 年代末，安德森（Anderson）建议，在理论建立与发展过程中，通过探索性分析建立模型，再用验证性分析来检验模型。例如，在一个样本中先用探索性因素分析找出变量可能的因素结构，再在另一个样本中采用验证性因素分析去验证，这种程序称为交叉证实，这样可以保证量表所测特质的确定性、稳定性和可靠性。在此我们对探索性因子分析和验证性因子分析作以比较，以选择最合适的方法。

探索性因素分析（EFA）与验证性因素分析（CFA）比较：

在实际研究中，如果事先对于因素分析的结果（如公因子的数目，含义，公因子间的关系、公因子与观测变量的关系）并无明确的、可检验的假设，则研究的目的仅在于"发现"、命名可能存在的公因子并用公因子来解释观测变量的共变关系，分析的最终结果依赖于所用的数据，这种研究思想称为探索性的，这种方法称为探索性因素分析。

根据已有的理论和研究成果，事前就能够对因素分析的结果做出合理的理论假设，则研究的目的就在于从数据的角度检验这种假设，或者说这一模型构想的效度合理性。此时，因素分析的结果就既依赖于假设的合理性又依赖于假设数据的吻合程度，这种研究思想称为验证性的，这种方法就称为验证性因素分析。

从应用的角度出发，验证性因素分析与探索性因素分析的主要区别在于研究的目的，前者是"验证"，后者是"探索"，因此，研究的步骤也迥异不同。本书采用交叉证实的统计方法，对两阶段大小样本问卷调查分别进行处理，以得到有关研究对象的最终量表。第一阶段所用的探索性因子分析主要目的是样本数据化简，寻求知识共享、组织学习、情境因素、合作绩效等研究指标的基本因子结构，并通过可靠性分析测试问卷的一致性信度。所用工具为SPSS12.0。在第二阶段的大样本调查中，使用SEM的验证性因子分析方法是为了检验测量模型的拟合优度。使用工具为AMOS5.0。之所以采用交叉证实方法，是因为研究人员对因子结构、观测变量与因子之间的潜在关系均是未知的，或说研究人员对此不是很清楚，因而先用EFA进行结构测试，对数据进行化简后得到可能因子结构，再用第二个样本进行CFA验证。考虑到之前我国企业的研发合作与知识共享、组织学习的关系缺乏实证研究和理论基础，因而在研究人员没有预先经验与假设的情况下使用交叉证实。

在最后的结构模型分析和假设检验中，我们采用的是结构方程模型（SEM）的方法对验证后的大样本数据进行分析。结构模型方法作为一种非常通用的、主要的线性统计建模技术，已逐渐成为量化研究方法的一个重要分析工具，广泛应用于心理学、社会学、行为科学、医学等领域。因为社会科学研究领域中的诸如心理、教育、管理、能力等方面的概念，难以直接准确测量，故 SEM 提供一个处理测量误差的方法，采用多个指标去反映潜在变量，也可估计整个模型概念（因子）间关系，较传统回归方法更为准确合理。由于它允许变量存在误差，十分适合社会科学中各项不能精确计量的指标的研究，而管理学也是如此。因而从方法论的角度来看，它对于本书中验证组织学习、知识共享和研发合作绩效之间的关系是十分合适的，因为这三者在实际生活中都无法准确度量，也就是说，只能通过一些可以进行度量的指标来尽可能地去代表它们，却无法做到通过指标对它们进行完全的解释，这是因为存在测量误差的原因。有了合适的量表就可以用相应的观测变量来测量隐变量，然后运用 SEM 方法对问卷数据进行验证性因子分析和结构模型分析。

6.3.2 结构方程模型的基本原理、步骤及相关参数说明

结构方程模型（Structural Equation Model, SEM）也称为结构方程建模，是一门基于统计分析技术的研究方法，用以处理复杂多变量的研究数据。一般而言，结构方程模型被归类于高等统计学，属于多元统计的范畴。由于结构方程模型有效整合了统计学的两大主流技术"因子分析"与"路径分析"，因而广泛应用于心理学、经济学、社会学和行为科学等领域的研究，成为计量经济学、计量社会学与计量心理学等领域的综合统计分析方法。从发展历史来看，结构方程模型的起源甚早，但

其核心概念在 20 世纪 70 年代初期才被相关学者专家提出，到了 80 年代末期才有快速的发展。基本上，结构方程模型的概念与 70 年代主要高等统计技术的发展（如因子分析）有着相当密切的关系，随着计算机的普及与功能的不断提升，Joreskog 等学者将因子分析、路径分析等统计概念整合，结合计算机的分析技术，提出了结构方程模型的初步概念，可以说是结构方程模型的先驱者。而后 Joreskog 与其同事 Sorbom 进一步发展矩阵模式的分析技术来处理共变结构的分析问题，提出测量模型与结构模型的概念，并将其纳入 LISREL 之中，积极地促成了结构方程模型的发展。此后，有关结构方程模型的原理讨论与技术发展便蔚为风潮，普遍成为社会与行为科学研究者必备的专门知识之一。

结构方程模型与传统的回归分析方法相比，至少具有如下优点：①可同时考虑多个因变量；②允许自变量和因变量含有测量误差；③允许潜在变量由多个外源标识变量组成，并可同时估计变量的信度和效度；④可采用比传统方法更有弹性的测量模型，如某一观测变量或项目在 SEM 内可以同时从属于两个潜在变量；⑤可以考虑潜在变量之间的关系，并估计整个模型是否与数据相吻合。

结构方程分析是基于变量的协方差矩阵来分析变量之间关系的，所以也称为协方差结构分析。因为本书研究的是多个潜变量之间的关系，所以采用结构方程模型（SEM）技术、AMOS5.0 软件，检验假设模型。应用结构方程模型主要包括五个步骤：

（1）模型的设定：即在进行模型估计之前，研究人员先要根据理论或者以往的研究成果来设定假设的初始理论模型。结构方程模型由两部分组成：测量模型（Measurement Model）和结构模型（Structure Equation Model）。前者表示观测变量和潜变量之间的关系，后者表示潜变量之间的影响关系。

（2）模型的识别：这一步骤要决定所要研究的模型是否能够求出模型中参数估计的唯一解。在有些情况下，由于模型被错误地设定，其参数不能识别，求不出唯一的估计值，因此模型无解，一般常用的模型识别方法是自由度法。

（3）模型的估计：模型参数可以采用几种不同的方法来估计。最常用的模型估计方法是最大似然估计法（Maximum Likelihood）和广义最小二乘法（Generalized Least Squares），本书采用最大似然估计法。

（4）模型的评价：在取得了参数估计值以后，需要对模型与数据之间是否拟合进行评价。一个模型是否可以被接受，在验证性因素分析中，通常可以采取以下几个拟合指标：

1）卡方指数（χ^2）。一般高于 0.05 的显著水平，暗示在假设的模型和观测数据之间有着较好的拟合度。但是，特别要注意的是 χ^2 对于样本量非常敏感，当样本越大时，χ^2 就越容易显著，导致理论模型被拒绝。χ^2 会随样本数而波动的缺点也已经在许多文献中获得证实。因此评价指标采用 CMIN/DF 指标，有些学者认为卡方与自由度之比应该不大于 3，但也有许多学者认为高一些也是可以接受的，只要比值不超过 5 就可以。本书以不超过 5 作为指标，在此范围内认为模型是可以接受的。

2）拟合指数，包括良好拟合指数（GFI）、调整拟合指数（AGFI）、规范拟合指数（NFI）、修正拟合指数（IFI）和比较拟合指数（CFI）。GFI 可以理解为假设模型能够解释的方差和协方差比例的一个测度；AGFI 的目的在于利用自由度与变项个数之组织变形为调整GFI；NFI 是测量独立模型与设定模型之间卡方值的缩小比例，NFI 有一定的局限性，一方面它不能控制自由度，另一方面 NFI 的抽样分布平均值与样本规模正相关；IFI 能够减小该指标的平均值对样本规模的依赖，并考虑设定模型自由度的影响，改进了 NFI；CFI 是通过与独立模型相比较来评价拟合程度。拟合指数 GFI、NFI、IFI、CFI 的值均要超过 0.85，才可表示模型拟合良好。

3）近似误差的均方根（RMSEA），当 RMSEA 值小于 0.05 表示理论模型可以接受，并认为是"良好适配"；0.05~0.08 认为是"算是不错的适配"；0.08~0.10 是"中度适配"；大于 0.10 则表示是"不良适配"。

4）模型的修正：如果模型不能很好地拟合数据，就需要对模型进行修正和再次设定。在这种情况下，需要决定如何删除、增加和修改模型的参数。通过参数的再设定可以增进模型的拟合程度。可以根据 AMOS 软件输出中所提供的模型修正指数 MI 与初始模型中各路径的检验结果来决定模型的设定，一个拟合较好的模型往往需要反复实验多次。

6.3.3 结构方程模型的设定

在分析上述文献资料的基础上，本书总结出知识共享、组织学习与研发合作绩效关系的结构方程模型（见图 6-1）。

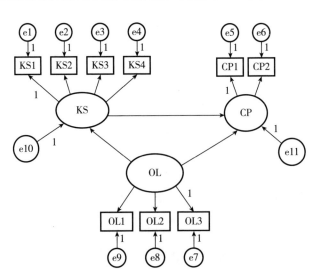

图 6-1 KS、OL 和 CP 的结构方程模型

7 数据分析与结果讨论

7.1 小样本问卷调查

按照量表研究的一般顺序，在进行了问卷整体设计之后，接下来就是量表构建。所采用的通常是因子分析和可靠性分析的统计方法。因子分析常用来浓缩多个测量型变量，使之转换为较少数量的新变量后，仍然携带原变量的绝大部分信息。主要作用即简化数据，寻求数据基本结构。一般分为探索性因子分析与验证性因子分析。探索性因子分析（EFA）一般用来确定观测数据背后的假想基础变量的维度，这是因子分析最常用的方法。而如果根据某些理论假设确定的因子个数和结构做出假设，因子分析也可作为证实的工具来检验假设，这就是证实性因子分析（CFA）。由于问卷整体设计的理论基础大多源于国外文献研究，其一是考虑到具体研究环境、研究对象发展阶段的不同，其二是本领域的研究尚处于理论探讨阶段，缺乏成熟的理论体系基础。

所以，本书将量表生成的研究分为两个阶段。第一阶段作为小样本问卷调查，通过探索性因子分析和信度分析的方法对假想基础变量的指标和维度进行调整，以形成用于第二阶段大样本调查的正式问卷。第二阶段便是大样本的问卷调查。

7.1.1 小样本调查的问卷说明

小样本调查的主要目的就是通过对问卷收集的数据进行统计分析，寻求基本的因子结构，并对指标项目进行删改，得到结构效度和信度较高的正式问卷。采用的方法为探索性因子分析和可靠性分析（Reliability Analysis）。所用的统计工具主要为 SPSS12.0。

小样本测试是在陕西省内有研发合作的企业中进行的，企业的选取采用的是简单随机抽样（Simple Random Sampling）原则，调查对象是企业中的管理、研发、技术人员。此次调查共发放问卷 180 份，回收 150 份，对问卷的有效性进行检测，将无效问卷予以删除。删除无效问卷的原则有三个：①问卷中有多处缺答现象的予以删除；②问卷中设置了多项反向问题检测问卷的有效性，对于问题回答中有前后矛盾现象的予以删除；③问卷中"一般"选项选择过多者予以删除。经过筛选后获得有效问卷 121 份。

针对本书的需要，本章主要是要对各个潜变量所包含的条款之间的关系进行分析，寻找各条款之间是否存在某些特定形式，并且对于其中的一些潜变量需要做探索性的因子分析，以探索是否可将其中一些条款集结出共同的因子。根据研究的需要，发现在可供选择的分析方法中因素分析是最合适的。由此可以决定，在对各潜变量的条款进行净化之后将对其进行因素分析。

7.1.1.1　项目分析

项目分析主要目的是求出问卷个别题项的临界比率值——CR（Critical Ratio）值，以鉴别不同受试者对题项的反应程度。将问卷数据分为高低两组，以独立样本 T-test 检验二组在每个题项的差异，将 t 检验结果未达显著性（α<0.05 或 α<0.01），也就是不能鉴别受试者反应程度的题项删除。

7.1.1.2　因子分析

因子分析的主要过程一般分为三个步骤：

第一步是判断观测数据是否适合做因子分析。这里一般常用的方法是检验观测变量的相关矩阵，因为因子分析的前提是变量间有较强的相关关系，这样才能提出公因子。然后再结合反映相关矩阵、Bartlett 球形度检验、KMO 测度等统计量作出判断。本书选取 KMO 值作为测度，其值要求在 0.7 以上。

第二步是提取公因子。这主要是通过主成分分析法来确定因子个数。即以主成分因素抽取法抽取共同因素，根据 Kaiser（1960）的观点选取特征值大于 1.0 的共同因素，再以最大变异法进行共同因素正交旋转处理，选取因子数应使累计解释方差达到 60 以上及因素负荷量大于 0.5 以上的题目。一般采用的是特征值准则和碎石检验准则。

第三步是进行因子旋转。这一步的目的是通过坐标变换使因子解更容易解释。一般选用的是正交旋转的方差最大法（VariMax）。

7.1.1.3　信度分析

指标的信度是指一套指标与它所测度变量的一致程度。Churchill（1979）发表了有关信度如何验证的文章后，他的方法被广泛应用，后来又有学者对他的方法进行了进一步的讨论，对使用中应注意的事项做出说明。他的方法是，计算 α 系数，若 α 系数在 0.6 以上，说明指标可靠性是可以接受的。

7.1.2 小样本调查结果

在陕西省内选择了 60 多家企业作为小样本调查对象，企业性质包括国有、合资、集体、民营企业等多种类型，行业涉及制造、IT、建筑及房地产、商贸物流等多个行业。收回 150 份，有效问卷 121 份，问卷有效率为 80.7%。

7.1.2.1 项目分析

依据项目分析结果可以看出，问卷所设置的题项均达到显著性水平，也就是说，这些题项的鉴别度较高，全部予以保留，现在可以进入下一步的因子分析。

7.1.2.2 问卷信度与效度检验

为了确保问卷的可靠性与有效性、问卷结构的合理性，有必要对调查数据进行问卷的信度与效度检验。

（1）知识共享指标体系的分析。

如表 7-1 所示知识共享试问卷数据的 KOM 值为 0.787，Bartlett 球形度检验结果也非常显著，所以可以对该指标体系进行探索性因子分析。

表 7-1 KMO 和 Bartlett 的检验

取样足够度的 Kaiser-Meyer-Olkin 度量		0.787
Bartlett 球形度检验	近似卡方	637.066
	df	91
	Sig.	0.000

根据表 7-2 显示，共抽取 4 个共同因素，累计解释变异量为 65.157%。用最大变异法进行共同因素正交旋转处理得到表 7-3。

表 7-2 小样本调查数据的总方差解释

成分	初始特征值			提取平方和载入			旋转平方和载入		
	合计	方差的%	累计%	合计	方差的%	累计%	合计	方差的%	累计%
1	4.611	32.935	32.935	4.611	32.935	32.935	2.723	19.449	19.449
2	1.870	13.359	46.294	1.870	13.359	46.294	2.407	17.192	36.640
3	1.631	11.651	57.945	1.631	11.651	57.945	2.073	14.804	51.444
4	1.010	7.213	65.157	1.010	7.213	65.157	1.920	13.713	65.157

注：提取方法：主成分分析法。

依照表 7-3 的数据，我们删除因素负荷量低于 0.5 的题项，对所保留的题目重新进行因素分析，仍按上述条件再行筛选，反复进行，直至所保留题目经再次因素分析时，每个因素负荷量均大于 0.5，而无须再删除的状态。由于本问卷采用的是已成形的量表，所以只进行了一次因子分析，删除 1 个题项后所有题项均达到标准，因素分析完成。删除题项后的因子分析结果见表 7-4。

表 7-3 旋转成分矩阵（a）

	成分			
	1	2	3	4
KS42	0.872	0.226	-0.005	0.050
KS41	0.840	0.258	0.028	0.176
KS43	0.770	0.225	0.115	0.085
KS44	0.485	-0.025	0.223	0.212
KS11	0.224	0.762	0.017	0.066
KS14	0.101	0.751	0.265	0.014
KS12	0.177	0.710	0.028	-0.021
KS13	0.030	0.631	0.442	0.131
KS32	0.041	0.297	0.814	0.040
KS31	0.113	0.246	0.776	0.234

续表

	成分			
	1	2	3	4
KS33	0.503	−0.180	0.611	0.251
KS22	0.145	0.002	0.139	0.798
KS23	0.079	0.102	−0.010	0.776
KS21	0.201	0.008	0.290	0.674

注：提取方法：主成分分析法。旋转法：具有 Kaiser 标准化的正交旋转法。a 旋转在 7 次迭代后收敛。

表 7-4　KMO 和 Bartlett 的检验

取样足够度的 Kaiser-Meyer-Olkin 度量		0.785
Bartlett 球形度检验	近似卡方	605.768
	df	78
	Sig.	0.000

知识共享问卷所保留的 13 个题项的取样适当性的 KMO 检测值为 0.785，大于 0.7，说明数据适合进行因素分析（见表 7-5、表 7-6）。

表 7-5　数据化简后的总方差解释

成分	初始特征值			提取平方和载入			旋转平方和载入		
	合计	方差的%	累计%	合计	方差的%	累计%	合计	方差的%	累计%
1	4.428	34.062	34.062	4.428	34.062	34.062	2.517	19.361	19.361
2	1.829	14.066	48.128	1.829	14.066	48.128	2.378	18.291	37.652
3	1.619	12.455	60.583	1.619	12.455	60.583	2.085	16.040	53.692
4	1.006	7.737	68.320	1.006	7.737	68.320	1.902	14.628	68.320

注：提取方法：主成分分析法。

表 7-6　旋转成分矩阵（a）

	成分			
	1	2	3	4
KS42	0.888	0.188	0.040	0.070
KS41	0.863	0.215	0.077	0.194

续表

	成分			
	1	2	3	4
KS43	0.778	0.197	0.151	0.105
KS11	0.236	0.765	0.008	0.073
KS14	0.124	0.742	0.265	0.009
KS12	0.190	0.710	0.022	−0.022
KS13	0.013	0.649	0.425	0.128
KS32	0.011	0.312	0.807	0.039
KS31	0.102	0.237	0.793	0.227
KS33	0.451	−0.176	0.630	0.265
KS22	0.110	0.011	0.144	0.801
KS23	0.061	0.108	−0.009	0.783
KS21	0.200	−0.016	0.323	0.669

注：提取方法：主成分分析法。旋转法：具有 Kaiser 标准化的正交旋转法。a 旋转在 7 次迭代后收敛。

为进一步了解问卷数据的可靠性与有效性，对删除题项后的知识共享试问卷进行内部一致性 α 系数检验。每个主因素为一个构面，各构面的 α 系数分别为 0.752、0.677、0.742、0.865。都在 0.6 以上，问卷总 α 系数值为 0.834（见表 7-7）。

表 7-7　因子分析的信度检验结果

因子命名	包含的关键影响因素	删除该题项后的 α 系数值	α 系数值	标准化 α 系数值	α 系数值	标准化 α 系数值
KS1	KS11	0.676	0.752	0.756	0.834	0.834
	KS12	0.729				
	KS13	0.708				
	KS14	0.665				
KS2	KS21	0.585	0.677	0.679		
	KS22	0.481				
	KS23	0.672				

续表

因子命名	包含的关键影响因素	删除该题项后的α系数值	α系数值	标准化α系数值	α系数值	标准化α系数值
KS3	KS31	0.565	0.742	0.741	0.834	0.834
	KS32	0.635				
	KS33	0.747				
KS4	KS41	0.755	0.865	0.867		
	KS42	0.781				
	KS43	0.889				

分别删除 KS33、KS43 题项后的问卷的总信度系数反而分别降为 0.817、0.804，所以建议还是保留上述指标体系在正式问卷中，参与大样本问卷的调查分析。

（2）组织学习指标体系的分析。

如表 7-8 所示组织学习试问卷数据的 KOM 值为 0.830，Bartlett 球形度检验结果也非常显著，所以可以对该指标体系进行探索性因子分析。

表 7-8　KMO 和 Bartlett 的检验

取样足够度的 Kaiser-Meyer-Olkin 度量		0.830
Bartlett 球形度检验	近似卡方	733.827
	df	78
	Sig.	0.000

根据表 7-9 显示，共抽取 3 个共同因素，累计解释变异量为 62.808%。用最大变异法进行共同因素正交旋转处理得到表 7-10。

表 7-9　数据化简后的总方差解释表

成分	初始特征值			提取平方和载入			旋转平方和载入		
	合计	方差的%	累计%	合计	方差的%	累计%	合计	方差的%	累计%
1	5.405	41.575	41.575	5.405	41.575	41.575	2.937	22.593	22.593
2	1.551	11.927	53.502	1.551	11.927	53.502	2.690	20.695	43.289
3	1.210	9.306	62.808	1.210	9.306	62.808	2.538	19.519	62.808

依照表 7-10 的数据，我们删除因素负荷量低于 0.5 的题项，对所保留的题目重新进行因素分析，仍按上述条件再行筛选，反复进行，直至所保留题目经再次因素分析时，每个因素负荷量均大于 0.5，而无须再删除的状态。由于本问卷采用的是已成形的量表，所以只进行了一次因子分析，删除 1 个题项后所有题项均达到标准，因素分析完成。删除题项后的因子分析结果见表 7-11。

表 7-10　旋转成分矩阵（a）

	成分		
	1	2	3
OL12	0.758	0.129	0.261
OL14	0.702	0.373	0.274
OL13	0.687	0.340	0.348
OL11	0.685	0.224	0.330
OL15	0.585	0.361	0.247
OL16	0.486	-0.080	-0.217
OL32	-0.035	0.798	0.105
OL33	0.132	0.778	0.108
OL31	0.358	0.658	0.071
OL34	0.296	0.625	0.097
OL21	0.105	0.094	0.892
OL23	0.252	0.007	0.891
OL22	0.204	0.397	0.656

注：提取方法：主成分分析法。旋转法：具有 Kaiser 标准化的正交旋转法。a 旋转在 5 次迭代后收敛。

表 7-11　KMO 和 Bartlett 的检验

取样足够度的 Kaiser-Meyer-Olkin 度量		0.836
Bartlett 的球形度检验	近似卡方	722.225
	df	66
	Sig.	0.000

组织学习问卷所保留的 12 个题项的取样适当性的 KMO 检测值为 0.836，大于 0.7，说明数据适合进行因素分析（见表 7-12、表 7-13）。

表 7-12　数据化简后的总方差解释

成分	初始特征值			提取平方和载入			旋转平方和载入		
	合计	方差的%	累计%	合计	方差的%	累计%	合计	方差的%	累计%
1	5.386	44.879	44.879	5.386	44.879	44.879	3.426	28.553	28.553
2	1.547	12.895	57.774	1.547	12.895	57.774	2.379	19.823	48.377
3	1.158	9.648	67.422	1.158	9.648	67.422	2.285	19.045	67.422

表 7-13　旋转成分矩阵（a）

	成分		
	1	2	3
OL12	0.838	0.018	0.154
OL13	0.774	0.249	0.264
OL11	0.735	0.148	0.266
OL14	0.733	0.312	0.232
OL15	0.659	0.285	0.179
OL32	0.031	0.812	0.122
OL33	0.161	0.796	0.139
OL31	0.478	0.587	−0.004
OL34	0.381	0.581	0.056

续表

	成分		
	1	2	3
OL21	0.153	0.102	0.908
OL23	0.294	−0.002	0.892
OL22	0.321	0.359	0.615

注：提取方法：主成分分析法。旋转法：具有 Kaiser 标准化的正交旋转法。a 旋转在 5 次迭代后收敛。

为进一步了解问卷数据的可靠性与有效性，对删除题项后的知识共享试问卷进行内部一致性 α 系数检验。每个主因素为一个构面，各构面的 α 系数分别为 0.870、0.749、0.832。都在 0.6 以上，问卷总 α 系数值为 0.886（见表7-14）。

表 7-14　因子分析的信度检验结果

因子命名	包含的关键影响因素	删除该题项后的 α 系数值	α 系数值	标准化 α 系数值	α 系数值	标准化 α 系数值
OL1	OL11	0.852	0.870	0.870	0.886	0.885
	OL12	0.845				
	OL13	0.821				
	OL14	0.829				
	OL15	0.863				
OL3	OL31	0.700	0.749	0.753		
	OL32	0.696				
	OL33	0.664				
	OL34	0.707				
OL2	OL21	0.695	0.832	0.831		
	OL22	0.896				
	OL23	0.683				

删除 OL22 题项后的问卷的总信度系数反而降为 0.874，所以建议

还是保留上述指标体系的设计在正式问卷中，参与大样本问卷的调查分析。

（3）情境因素指标体系的分析。

如表7-15所示情境因素试问卷数据的KOM值为0.749，Bartlett球形度检验结果也非常显著，所以可以对该指标体系进行探索性因子分析。

表 7-15　KMO 和 Bartlett 的检验

取样足够度的 Kaiser-Meyer-Olkin 度量		0.749
Bartlett 球形度检验	近似卡方	561.542
	df	91
	Sig.	0.000

根据表7-16显示，共抽取4个共同因素，累计解释变异量为64.892%。用最大变异法进行共同因素正交旋转处理得到表7-17。

表 7-16　数据化简后的总方差解释

成分	初始特征值			提取平方和载入			旋转平方和载入		
	合计	方差的%	累计%	合计	方差的%	累计%	合计	方差的%	累计%
1	3.775	26.965	26.965	3.775	26.965	26.965	2.746	19.617	19.617
2	2.245	16.033	42.998	2.245	16.033	42.998	2.197	15.696	35.313
3	1.700	12.141	55.138	1.700	12.141	55.138	2.087	14.904	50.217
4	1.366	9.754	64.892	1.366	9.754	64.892	2.055	14.675	64.892

表 7-17 旋转成分矩阵（a）

	成分			
	1	2	3	4
QJ23	0.835	0.068	0.103	0.027
QJ24	0.775	0.218	−0.018	0.149
QJ21	0.769	0.160	0.052	0.093
QJ25	0.756	−0.065	0.043	0.132
QJ22	0.212	−0.193	0.089	0.113
QJ42	−0.023	0.866	0.066	0.031
QJ43	0.138	0.845	−0.039	0.117
QJ41	0.316	0.718	−0.134	0.268
QJ11	0.061	0.003	0.864	0.027
QJ12	0.101	0.011	0.825	0.053
QJ13	0.019	−0.102	0.762	0.151
QJ32	0.081	−0.057	0.161	0.860
QJ33	0.314	0.096	0.028	0.789
QJ31	0.042	0.276	0.067	0.720

注：提取方法：主成分分析法。旋转法：具有 Kaiser 标准化的正交旋转法。a 旋转在 5 次迭代后收敛。

依照表 7-17 的数据，删除因素负荷量低于 0.5 的题项，对所保留的题目重新进行因素分析，仍按上述条件再行筛选，反复进行，直至所保留题目经再次因素分析时，每个因素负荷量均大于 0.5，而无须再删除。在经过一次删除后因素分析完成。删除题项后的因子分析结果见表 7-18。

表 7-18 KMO 和 Bartlett 的检验

取样足够度的 Kaiser-Meyer-Olkin 度量		0.751
Bartlett 球形度检验	近似卡方	552.910
	df	78
	Sig.	0.000

情境因素问卷所保留的 13 个题项的取样适当性的 KMO 检测值为 0.751，大于 0.7，说明数据适合进行因素分析（见表 7-19、表 7-20）。

表 7-19　数据化简后的总方差解释表

成分	初始特征值			提取平方和载入			旋转平方和载入		
	合计	方差的%	累计%	合计	方差的%	累计%	合计	方差的%	累计%
1	3.760	28.926	28.926	3.760	28.926	28.926	2.705	20.809	20.809
2	2.222	17.092	46.018	2.222	17.092	46.018	2.208	16.983	37.792
3	1.686	12.970	58.989	1.686	12.970	58.989	2.086	16.045	53.837
4	1.362	10.476	69.464	1.362	10.476	69.464	2.032	15.627	69.464

表 7-20　旋转成分矩阵（a）

	成分			
	1	2	3	4
QJ22	0.829	0.078	0.108	0.026
QJ24	0.785	0.207	-0.014	0.155
QJ21	0.775	0.154	0.056	0.098
QJ25	0.755	-0.059	0.049	0.136
QJ42	-0.027	0.869	0.059	0.012
QJ43	0.137	0.845	-0.045	0.102
QJ41	0.302	0.741	-0.138	0.247
QJ11	0.059	0.005	0.865	0.028
QJ12	0.095	0.020	0.826	0.051
QJ13	0.014	-0.094	0.763	0.152
QJ32	0.082	-0.047	0.164	0.865
QJ33	0.317	0.102	0.030	0.793
QJ31	0.029	0.303	0.067	0.709

注：提取方法：主成分分析法。旋转法：具有 Kaiser 标准化的正交旋转法。a 旋转在 5 次迭代后收敛。

为进一步了解问卷数据的可靠性与有效性，对删除题项后的知识共享试问卷进行内部一致性 α 系数检验。每个主因素为一个构面，各构面的 α 系数分别为 0.767、0.813、0.751、0.801。都在 0.6 以上，问卷总 α 系数值为 0.774（见表 7-21）。

表 7-21　因子分析的信度检验结果

因子命名	包含的关键影响因素	删除该题项后的 α 系数值	α 系数值	标准化 α 系数值	α 系数值	标准化 α 系数值
QJ1	QJ11	0.614	0.767	0.767	0.774	0.779
	QJ12	0.689				
	QJ13	0.743				
QJ2	QJ21	0.769	0.813	0.816		
	QJ22	0.748				
	QJ24	0.756				
	QJ25	0.791				
QJ3	QJ31	0.768	0.751	0.754		
	QJ32	0.604				
	QJ33	0.625				
QJ4	QJ41	0.744	0.801	0.802		
	QJ42	0.739				
	QJ43	0.703				

删除 QJ31 题项后的问卷的总信度系数反而降为 0.757，所以建议还是保留上述指标体系的设计在正式问卷中，参与大样本问卷的调查分析。

（4）合作绩效指标体系的分析。

如表 7-22 所示组织学习试问卷数据的 KOM 值为 0.842，Bartlett 球形度检验结果也非常显著，所以可以对该指标体系进行探索性因子分析（见表 7-23、表 7-24）。

表 7-22　KMO 和 Bartlett 的检验

取样足够度的 Kaiser-Meyer-Olkin 度量		0.842
Bartlett 球形度检验	近似卡方	288.695
	df	28
	Sig.	0.000

表 7-23　数据化简后的总方差解释表

成分	初始特征值			提取平方和载入			旋转平方和载入		
	合计	方差的%	累计%	合计	方差的%	累计%	合计	方差的%	累计%
1	3.642	45.527	45.527	3.642	45.527	45.527	2.459	30.733	30.733
2	1.055	13.192	58.719	1.055	13.192	58.719	2.239	27.986	58.719

表 7-24　旋转成分矩阵（a）

	成分	
	1	2
CP22	0.830	0.150
CP23	0.763	0.231
CP24	0.735	0.318
CP21	0.647	0.182
CP13	0.200	0.743
CP11	0.235	0.710
CP12	0.350	0.703
CP14	0.109	0.692

注：提取方法：主成分分析法。旋转法：具有 Kaiser 标准化的正交旋转法。a 旋转在 3 次迭代后收敛。

　　为进一步了解问卷数据的可靠性与有效性，对删除题项后的知识共享试问卷进行内部一致性 α 系数检验。每个主因素为一个构面，各构面的 α 系数分别为 0.735、0.781。都在 0.6 以上，问卷标准化 α 系数值为 0.826（见表 7-25）。

表 7-25　因子分析的信度检验结果

因子命名	包含的关键影响因素	删除该题项后的 α 系数值	α 系数值	标准化α 系数值	α 系数值	标准化α 系数值
CP1	CP11	0.668	0.735	0.736	0.826	0.827
	CP12	0.641				
	CP13	0.662				
	CP14	0.725				
CP2	CP21	0.789	0.781	0.782		
	CP22	0.693				
	CP23	0.715				
	CP24	0.706				

删除 CP21 题项后的问卷的总信度系数反而降为 0.822，所以我们建议还是保留上述指标体系的设计在正式问卷中，参与大样本问卷的调查分析。

7.2　大样本问卷调查

首先，前文已经对各潜变量进行了探索性因子分析，本章将进行确定性因子分析（CFA），对各因素中的测量条款进行信度和效度分析，并对整体的信度及效度进行分析，同时验证各潜变量维度的有效性。

其次，利用结构方程模型（Structural Equation Model，SEM）分析

各潜在变量之间的关系，对本书提出的模型进行测量、修改和完善，并对提出的假设进行分析、验证，分析将采用 AMOS5.0 软件。

如果要采用 SEM 对数据进行分析要满足 SEM 的几条基本假定，包括：①无系统遗漏值；②足够大的样本；③正确的模式界定；④简单随机抽样。

对于本书中的数据也采用这几项原则来进行衡量，首先，针对数据的收集，笔者主要采用简单随机抽样的原则进行抽样，采用了走访和邮寄两种方式，完全可以满足关于简单随机抽样的要求。

其次，问卷收回后，根据比较严格的规则对无效问卷进行了剔除，以保证问卷的有效性，由此也可以保证问卷中无系统遗漏值。

再次，对于最佳的样本数量，学者的要求各不相同，Anderson & Gerbing（1988）认为 100~150 个样本就可以满足最低的样本量的要求，Shumacker & Lomax（1996）指出在大部分的 SEM 研究中，样本数都在 200~500。本书中样本数量为 295，且样本为企业，所以该样本数量可以认为是足够大的，并可以用 SEM 进行分析研究。

最后，对于模式的界定问题，本书中的模型是基于前人研究的理论基础产生的，有很强的理论依据，因此该模型完全可以采用 SEM 来进行进一步的分析研究。

由此，经过以上分析可以发现，本书的数据完全符合 SEM 研究的四项基本假定。在本章的分析中将采用 SEM 的研究方法，对数据进行分析，并对前文中提出的模型进行分析和验证。

7.2.1　大样本问卷调查样本点描述统计

经过第一阶段小样本测试中的探索性因子分析后，基本确定了知识共享、组织学习、情境因素和合作绩效的因子结构，问卷的可靠性与有效性也得到了改进。为了进一步检验探索性因子分析结果的信度和针对本书提出的假设进行结构模型检验，我们将改进后的正式问卷用于大样本调查。在大样本调查中，选择总体和抽取样本两个步骤大致与小样本相似，遵循的原则也基本一致。

在大样本问卷调查中，我们将被调查企业的范围扩大到全国，在西安、深圳、上海、广州、四川等地随机选择了 180 家企业发放问卷。共收回问卷 342 份，有效问卷为 295 份。问卷回复率为 85.5%，问卷有效率为 86.3%。被调查企业的行业分布以制造业、IT 业为主，这种分布状况对研究知识共享、组织学习与供应链企业间研发合作绩效的关系问题是比较有利的，有助于得到具有实证价值的研究结论。

7.2.1.1 描述性统计分析之企业性质

参照国家统计局的分类标准，本研究将企业分为国有及国有控股、民营企业、中外合资企业、外商独资企业和其他 5 类。样本中各类企业所占比例如表 7-26 所示，从表 7-26 可以看出，民营企业占 22%，国有及国有控股企业占 33.2%，中外合资与外商独资企业共占 35.6%，其他也有 9.2%，总体上来看，比例匀称合适，能够代表国内企业分布的现实情况。

表 7-26 企业性质的描述性统计

	频数	百分比（%）	累计百分比（%）
国有及国有控股企业	98	33.2	33.2
民营企业	65	22.0	55.2
中外合资企业	58	19.7	74.9
外商独资企业	47	15.9	90.8
其他	27	9.2	100.0
总计	295	100.0	

7.2.1.2 描述性统计分析之工作职务

问卷一般要求熟悉企业研发状况的企业的中高层管理人员、研发人员及技术人员填写。从表7-27来看，在问卷填写人员中，高层管理人员为106个，研发人员为120个，熟练的技术人员为48个，另有27个为要求保密或基于其他原因不愿透露所在部门。可见来自研发部门的最多（39.9%），其次是高层管理人员（35.2%），技术人员也占有较大比重（15.9%），因此，填答人员对本企业的情况是比较熟悉的，通过对填答人员所在部门及职务的分析，可以认为填答人员比较符合问卷填写的要求。

表7-27　工作职务的描述性统计

	频数	百分比（%）	累计百分比（%）
技术人员	48	15.9	15.9
研发人员	120	39.9	55.8
管理人员	106	35.2	91.0
其他	27	9.0	100.0
总计	295	100.0	

7.2.1.3 描述性统计分析之行业分布

从样本中企业所属行业的分布状况（见表7-28）来看，制造业的企业数量最多，有89家，占到了样本总数的30.2%；其次是电子通信行业，企业数量为73家，占样本总数的24.7%；再接下来依次是IT业57家，建筑及房地产业32家，商贸、物流业24家，金融业13家，分别占样本总数的19.3%、10.8%、8.2%、4.4%；其余一些数量太少的行业均归为其他作为同一类处理，样本共有7家，占样本总数的2.4%。可见，这次问卷调查所涉及的行业比较全面，且重点分布于制造、电子通信及IT行业，这些行业企业间的研发合作都很明显，因此该样本具有很强的代表性，对研究知识共享、组织学习与研发合作绩效的关系问题比较有利。

表 7-28 行业分布的描述性统计

	频数	百分比（%）	累计百分比（%）
制造业	89	30.2	30.2
电子通信业	73	24.7	54.9
IT	57	19.3	74.2
建筑及房地产业	32	10.8	85
商贸、物流业	24	8.2	93.2
金融业	13	4.4	97.6
其他	7	2.4	100.0
总计	295	100.0	

7.2.1.4 描述性统计分析之企业所处地区

这次问卷的发放采用了多种方式，其中信件及 E-mail 发放方式主要是针对本地以外的企业。问卷调查涵盖了中国的各主要地区，其中东部地区收回有效问卷 94 份，占总有效问卷的 31.9%；西部地区为 62 份，占 21.0%；北部地区为 54 份，占 18.3%；南部地区为 85 份，占 28.8%。如表 7-29 所示，所调查的企业分布区域比较均匀，这种分布结构，能够反映中国不同地区企业的研发合作状况，具备一定的普遍性。

表 7-29 地区分布的描述性统计

	频数	百分比（%）	累计百分比（%）
东部	94	31.9	31.9
西部	62	21.0	52.9
北部	54	18.3	71.2
南部	85	28.8	100.0
总计	295	100.0	

7.2.2 测量指标的可靠性检验

由于知识共享、组织学习、情境因素和合作绩效量表均为多维的指标体系，按照通常的做法，在检验可靠性的时候要按照不同维度分别进行可靠性检验。

7.2.2.1 知识共享指标体系的可靠性分析

按照小样本的结果，知识共享被分为社会化、外化、整合度、内化四个维度，运用大样本数据对这四个维度的指标体系的可靠性进行检验，其结果见表7-30。

表7-30 因子分析的信度检验结果

因子命名	包含的关键影响因素	删除该题项后的 α 系数值	α 系数值	标准化 α 系数值	α 系数值	标准化 α 系数值
KS1	KS11	0.803	0.830	0.830	0.855	0.851
	KS12	0.784				
	KS13	0.791				
	KS14	0.761				
KS2	KS21	0.687	0.710	0.710		
	KS22	0.571				
	KS23	0.587				
KS3	KS31	0.646	0.736	0.736		
	KS32	0.578				
	KS33	0.711				
KS4	KS41	0.722	0.834	0.834		
	KS42	0.754				
	KS43	0.828				

社会化程度、外化程度、整合程度、内化程度指标体系中各个指标的 α 值分别为0.830、0.710、0.736、0.834，问卷总 α 系数值为0.855，

所有的 α 值均远大于 0.6 的水平，说明问卷具有较好的内部一致性。

7.2.2.2 组织学习指标体系的可靠性分析

按照小样本的结果，组织学习被分为学习承诺、共同愿景、开放心智三个维度，运用大样本数据对这三个维度的指标体系的可靠性进行检验，其结果如表 7-31 所示。

表 7-31 因子分析的信度检验结果

因子命名	包含的关键影响因素	删除该题项后的 α 系数值	α 系数值	标准化 α 系数值	α 系数值	标准化 α 系数值
OL1	OL11	0.824	0.850	0.850	0.871	0.870
	OL12	0.822				
	OL13	0.798				
	OL14	0.827				
	OL15	0.824				
OL2	OL21	0.773	0.836	0.838		
	OL22	0.720				
	OL23	0.825				
OL3	OL31	0.733	0.794	0.795		
	OL32	0.718				
	OL33	0.734				
	OL34	0.783				

学习承诺、共同愿景、开放心智指标体系中各个指标的 α 值分别为 0.850、0.836、0.794，问卷总信度系数 0.871，所有的 α 值均远大于 0.6 的水平。说明问卷具有较好的内部一致性。

7.2.2.3 情境因素指标体系的可靠性分析

按照小样本的结果，情境因素被分为组织结构、信息技术、企业文化、信任机制四个维度，运用大样本数据对这四个维度的指标体系的可靠性进行检验，其结果见表7-32。

表7-32　因子分析的信度检验结果

因子命名	包含的关键影响因素	删除该题项后的α系数值	α系数值	标准化α系数值	α系数值	标准化α系数值
QJ1	QJ11	0.667	0.797	0.797		
	QJ12	0.720				
	QJ13	0.771				
QJ2	QJ21	0.744	0.788	0.789	0.735	0.739
	QJ22	0.742				
	QJ24	0.723				
	QJ25	0.733				
QJ3	QJ31	0.744	0.757	0.759		
	QJ32	0.647				
	QJ33	0.631				
QJ4	QJ41	0.705	0.780	0.780		
	QJ42	0.694				
	QJ43	0.709				

组织结构、信息技术、企业文化、信任机制指标体系中各个指标的 α 值分别为 0.797、0.788、0.757、0.780，问卷总 α 系数值为 0.735，所有的 α 值均远大于 0.6 的水平。说明问卷具有较好的内部一致性。

7.2.2.4　合作绩效指标体系的可靠性分析

按照小样本的结果，合作绩效被分为客观绩效、主观绩效两个维度，运用大样本数据对这两个维度的指标体系的可靠性进行检验，其结果见表7-33。

客观绩效、主观绩效指标体系中各个指标的 α 值分别为 0.739、0.724，问卷总信度系数 0.811，所有的 α 值均远大于 0.6 的水平。说明问卷具有较好的内部一致性。

表 7-33 因子分析的信度检验结果

因子命名	包含的关键影响因素	删除该题项后的α系数值	α系数值	标准化α系数值	α系数值	标准化α系数值
CP1	CP11	0.669	0.739	0.740	0.811	0.812
	CP12	0.655				
	CP13	0.677				
	CP14	0.715				
CP2	CP21	0.680	0.724	0.727		
	CP22	0.622				
	CP23	0.650				
	CP24	0.701				

7.2.3 测量模型的验证性因子分析

7.2.3.1 知识共享的验证性因子分析

基于前文的探索性因子分析结果，KS 作为一个二阶因子，被分为社会化、外化、整合、内化四个一阶因子。其中，社会化包含四个观测变量，外化、整合、内化均包含三个观测变量。在此我们采用 AMOS 管理统计软件对 KS 进行验证性因子分析，分析的结果模型如图 7-1 所示。

验证性因子分析模型的标准化路径系数、显著性水平以及各拟合度指标如表 7-34 所示。从模型的拟合指标来看，CMIN/DF 的值为 2.114，不仅满足了小于 5 的基本拟合要求，而且低于更严格的指标 3；GFI、AGFI、CFI、NFI、IFI、TLI 的值均大于 0.90；而 RMSEA 的值为 0.062，远小于 0.08 的基本要求。这些指标值表明模型拟合得很好，具有良好的建构效度。同时，从表中可以看出，所有观测变量的标准化路径系数均大于 0.5，且 P 值均小于 0.01，这表明知识共享各个构面观测变量的路径系数均在 0.01 的水平上显著，模型具有良好的收敛效度。

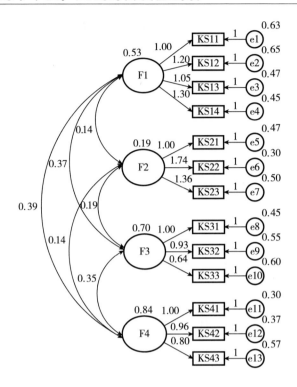

图 7-1　KS 测量模型的路径系数

表 7-34　知识共享指标体系的拟合度及路径系数

	维度	指标	标准化路径系数	P 值
知识共享	社会化	KS11	0.674	—
		KS12	0.734	***
		KS13	0.744	***
		KS14	0.816	***
	外化	KS21	0.540	—
		KS22	0.815	***
		KS23	0.647	***
	整合	KS31	0.778	—
		KS32	0.723	***
		KS33	0.569	***

续表

知识共享	维度	指标	标准化路径系数	P 值
	内化	KS41	0.857	—
		KS42	0.823	***
		KS43	0.698	***
模型拟合度指标（Fit Measures）				
绝对拟合	CMIN/DF=2.114；GFI=0.938；AGFI=0.904；RMSEA=0.062			
相对拟合	CFI=0.954；NFI=0.916；IFI=0.954；TLI=0.939			

注："—"为空值，对应于非标准化回归系数被设定为1的情况。

7.2.3.2 组织学习的验证性因子分析

基于前文的探索性因子分析结果，OL 作为一个二阶因子，被分为学习承诺、共同愿景、开放心智三个一阶因子。其中，学习承诺包含五个观测变量，共同愿景包含三个观测变量，开放心智包含四个观测变量。在此我们采用 AMOS 管理统计软件对 OL 进行验证性因子分析，分析的结果模型如图 7-2 所示。

验证性因子分析模型的标准化路径系数、显著性水平以及各拟合度指标如表 7-35 所示。从模型的拟合指标来看，CMIN/DF 的值为 2.359，不仅满足了小于 5 的基本拟合要求，而且低于更严格的指标 3；GFI、AGFI、CFI、NFI、IFI、TLI 的值均大于 0.90；而 RMSEA 的值为 0.068，远小于 0.08 的基本要求。这些指标值表明模型拟合得很好，具有良好的建构效度。同时，从表 7-35 中可以看出，所有观测变量的标准化路径系数均大于 0.5，且 P 值均小于 0.01，这表明知识共享各个构面观测变量的路径系数均在 0.01 的水平上显著，模型具有良好的收敛效度。

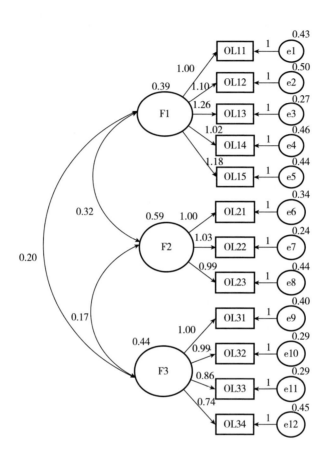

图 7-2　OL 测量模型的路径系数

表 7-35　组织学习指标体系的拟合度及路径系数

	维度	指标	标准化路径系数	P 值
组织学习	学习承诺	OL11	0.689	—
		OL12	0.694	***
		OL13	0.834	***
		OL14	0.683	***
		OL15	0.742	***

续表

	维度	指标	标准化路径系数	P 值
组织学习	共同愿景	OL21	0.796	—
		OL22	0.848	***
		OL23	0.755	***
	开放心智	OL31	0.724	—
		OL32	0.775	***
		OL33	0.727	***
		OL34	0.589	***

模型拟合度指标（Fit Measures）

绝对拟合	CMIN/DF = 2.359；GFI = 0.937；AGFI = 0.903；RMSEA = 0.068
相对拟合	CFI = 0.954；NFI = 0.923；IFI = 0.954；TLI = 0.940

注："—"为空值，对应于非标准化回归系数被设定为 1 的情况。

7.2.3.3 情境因素的验证性因子分析

基于前文的探索性因子分析结果，QJ 作为一个二阶因子，被分为企业文化、组织结构、信任机制、信息技术四个一阶因子。其中，信息技术包含四个观测变量，企业文化、组织结构、信任机制均包含三个观测变量。在此我们采用 AMOS 管理统计软件对 QJ 进行验证性因子分析，分析的结果模型如图 7-3 所示。

验证性因子分析模型的标准化路径系数、显著性水平以及各拟合度指标如表 7-36 所示。从模型的拟合指标来看，CMIN/DF 的值为 1.254，不仅满足了小于 5 的基本拟合要求，而且低于更严格的指标 3；GFI、AGFI、CFI、NFI、IFI、TLI 的值均大于 0.90；而 RMSEA 的值为 0.029，远小于 0.08 的基本要求。这些指标值表明模型拟合得很好，具有良好的建构效度。同时，从表 7-36 中可以看出，所有观测变量的标准化路径系数均大于 0.5，且 P 值均小于 0.01，这表明知识共享各个构面观测变量的路径系数均在 0.01 的水平上显著，模型具有良好的收敛效度。

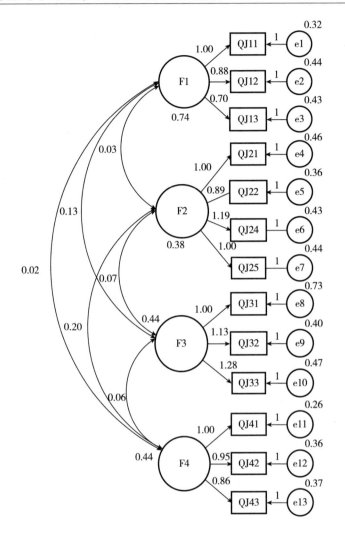

图 7-3 QJ 测量模型的路径系数

表 7-36 情境因素指标体系的拟合度及路径系数

	维度	指标	标准化路径系数	P 值
情境因素	QJ1	QJ11	0.836	—
		QJ12	0.751	***
		QJ13	0.677	***

续表

	维度	指标	标准化路径系数	P 值
情境因素	QJ2	QJ21	0.674	—
		QJ22	0.676	***
		QJ23	0.746	***
		QJ24	0.684	***
	QJ3	QJ31	0.614	—
		QJ32	0.763	***
		QJ33	0.779	***
	QJ4	QJ41	0.791	—
		QJ42	0.724	***
		QJ43	0.683	***

模型拟合度指标（Fit Measures）	
绝对拟合	CMIN/DF = 1. 254；GFI = 0. 964；AGFI = 0. 944；RMSEA = 0. 029
相对拟合	CFI = 0. 987；NFI = 0. 938；IFI = 0. 987；TLI = 0. 982

注："—"为空值，对应于非标准化回归系数被设定为 1 的情况。

7.2.3.4　合作绩效的验证性因子分析

基于前文的探索性因子分析结果，CP 作为一个二阶因子，被分为主观绩效与客观绩效两个一阶因子。其中，主观绩效与客观绩效均包含四个观测变量。在此我们采用 AMOS 管理统计软件对 CP 进行验证性因子分析，分析的结果模型如图 7-4 所示。

验证性因子分析模型的标准化路径系数、显著性水平以及各拟合度指标如表 7-37 所示。从模型的拟合指标来看，CMIN/DF 的值为 1. 591，不仅满足了小于 5 的基本拟合要求，而且低于更严格的指标 3；GFI、AGFI、CFI、NFI、IFI、TLI 的值均大于 0. 90；而 RMSEA 的值为 0. 045，远小于 0. 08 的基本要求。这些指标值表明模型拟合得很好，具有良好的建构效度。同时，从表 7-37 中可以看出，所有观测变量的标准化路径系数均大于 0. 5，且 P 值均小于 0. 01，这表明知识共享各个构面观测变量的路径系数均在 0.01 的水平上显著，模型具有良好的收敛效度。

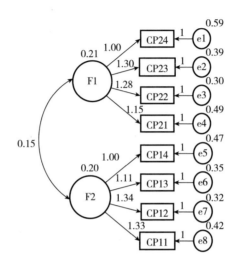

图 7-4　CP 测量模型的路径系数

表 7-37　合作绩效指标体系的拟合度及路径系数

	维度	指标	标准化路径系数	P 值
合作绩效	主观绩效	CP11	0.672	***
		CP12	0.726	***
		CP13	0.638	***
	客观绩效	CP14	0.541	—
		CP21	0.603	***
		CP22	0.730	***
		CP23	0.689	***
		CP24	0.512	—
模型拟合度指标（Fit Measures）				
绝对拟合	CMIN/DF = 1.591；GFI = 0.975；AGFI = 0.952；RMSEA = 0.045			
相对拟合	CFI = 0.981；NFI = 0.951；IFI = 0.981；TLI = 0.972			

注："—"为空值，对应于非标准化回归系数被设定为 1 的情况。

7.3 结构模型分析

这一节主要考察"企业文化""组织结构""信息技术""信任机制"4个控制变量对知识共享、组织学习与合作绩效关系的影响。为了达到这个目的，本节还将了解以下内容：一是在控制变量作用下，结构化方程主要统计指标的变化；二是模型中各因子间相关性的变化；三是子假设的受影响情况。具体表述如下：第一，知识共享与组织学习之间关系受以上4个控制变量影响的情况，包括各子假设所受的影响。第二，组织学习与研发合作绩效之间关系受以上4个控制变量影响的情况，包括各子假设所受的影响。第三，知识共享与研发合作绩效之间关系受以上4个控制变量影响的情况，包括各子假设所受的影响。第四，模型中其他假设所受的影响。

该部分分析的框架是：首先，分别以4个控制变量为标准，划分出高值数据样本（H）和低值数据样本（L）。例如，以"企业文化"指标为例，先划分出高值数据样本（H）和低值数据样本（L）。其次，分别在两种业绩衡量体系内，比较高值数据样本（H）和低值数据样本（L）中知识共享、组织学习与研发合作绩效之间的关系变化。最后，得出结论，即该控制变量对知识共享、组织学习与研发合作绩效之间关系的影响。

在本书中，知识共享、组织学习和合作绩效均是多维指标，分别由4个、3个、2个维度构成。在本书中对于多维指标的测度使用复合测度的方法，即在对结构模型分析中，对于多维指标的测度不是使用每一个二级指标作为标识而是使用每一个维度作为潜变量的标识。对于每一个维度按照它的二级指标的数据求其均值，并以此均值作为维度的数据量。比如，在本书中知识共享的维度之一社会化程度 KS1，它由 4 个指标组成，那么我们就对这 4 个二级指标求均值，并把这个均值作为的社会化程度的样本数据代入最后的结构方程中进行分析。对于其他几个维度也进行同样的操作。按照上述办法，我们就可以运用 AMOS5.0，对本书所提出的结构模型的拟合优度进行评价。之后，为了验证本书所提出的假设，需要对与假设所对应的路径关系进行分析和讨论，期望能够得到有价值的结论。

把经过可靠性检验和验证性因子分析的大样本数据代入结构模型，用 AMOS5.0 软件分析模型的拟合优度，结果如下文所示。

7.3.1　知识共享、组织学习和研发合作绩效的关系

图 7-5 是 KS-OL-CP 关系模型的分析结果，通过 AMOS5.0 的计算，模型的拟合度指标值见表 7-38，可知 CMIN/DF 的值为 3.317，满足了小于 5 的基本拟合要求；GFI、CFI、IFI 的值均大于 0.90，TLI、AGFI、NFI 虽然略低于 0.90，但也大于 0.85 的标准，且 RMSEA 的值为 0.089，小于 0.1 的最低要求。同时，从表 7-39 中可以看出，所有观测变量的标准化路径系数均已达到显著性，因此该模型成立。

表 7-38　OL-KS-CP 模型的拟合度指标

指标	绝对拟合指标				相对拟合指标			
	CMIN/DF	GFI	AGFI	RMSEA	NFI	IFI	TLI	CFI
模型拟合值	3.317	0.945	0.897	0.089	0.884	0.916	0.871	0.914

表 7-39 变量的标准化路径系数

变量		标准化路径系数	P 值
组织学习—知识共享		0.357	***
组织学习—合作绩效		0.471	***
知识共享—合作绩效		0.414	***
知识共享	社会化	0.633	—
	外化	0.525	***
	整合	0.696	***
	内化	0.597	***
组织学习	学习承诺	0.814	***
	共同愿景	0.694	***
	开放心智	0.499	—
合作绩效	客观绩效	0.744	—
	主观绩效	0.743	***

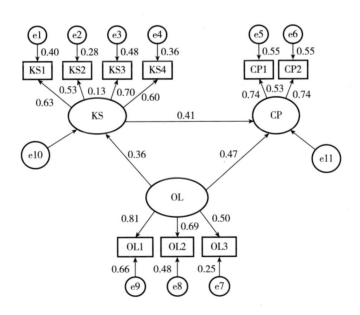

图 7-5 OL-KS-CP 模型的样本分析

7.3.1.1 假设 1 分析

在上述样本分析中，从 P 值上分析，知识共享与研发合作绩效之间的 P 值小于 0.05，显著性强。因此，假设 1 成立，即知识共享与研发合作绩效呈显著的正相关关系，标准化路径系数为 0.414。

7.3.1.2　假设 2 分析

在上述样本分析中，从 P 值上分析，组织学习与研发合作绩效之间的 P 值小于 0.05，显著性强。因此，假设 2 成立，即组织学习与研发合作绩效呈显著的正相关关系，标准化路径系数为 0.471。

7.3.1.3　假设 3 分析

在上述样本分析中，从 P 值上分析，知识共享与组织学习之间的 P 值小于 0.05，显著性强。因此，假设 3 成立，即知识共享与组织学习呈显著的正相关关系，标准化路径系数为 0.357。

综上所述，在"知识共享、组织学习和研发合作绩效关系"的模型中，假设 1、假设 2、假设 3 均成立，即在供应链企业间，知识共享与研发合作绩效显著正相关；组织学习与研发合作绩效显著正相关；组织学习与知识共享显著正相关。

7.3.2　组织结构对知识共享、组织学习和研发合作绩效关系的影响

图 7-6 是在高值样本中得到的结果，通过 AMOS5.0 的计算，模型的拟合度指标值见表 7-40，可知 CMIN/DF 的值为 1.943，不仅满足了小于 5 的基本拟合要求，而且低于更严格的指标 3；GFI、CFI、IFI、TLI 的值均大于 0.90，AGFI、NFI 虽然略低于 0.90，但也大于 0.85 的标准，且 RMSEA 的值为 0.076，小于 0.08 的基本要求。同时，从表 7-41 中可以看出，所有观测变量的标准化路径系数均已达到显著性，因此该模型成立。

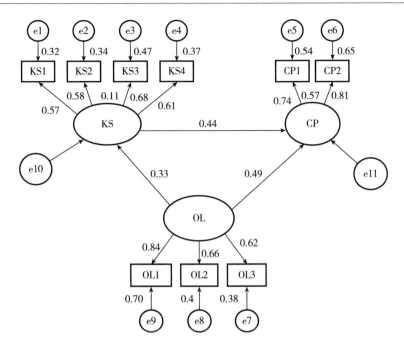

图 7-6　控制变量 qj1：OL-KS-CP 模型的高值样本分析

表 7-40　OL-KS-CP 模型的拟合度指标（高样本）

指标	绝对拟合指标				相对拟合指标			
	CMIN/DF	GFI	AGFI	RMSEA	NFI	IFI	TLI	CFI
模型拟合值	1.943	0.943	0.894	0.076	0.890	0.943	0.913	0.942

表 7-41　变量的标准化路径系数（高样本）

变量		标准化路径系数	P 值
组织学习—知识共享		0.330	0.004
组织学习—合作绩效		0.487	***
知识共享—合作绩效		0.441	***
知识共享	社会化	0.569	—
	外化	0.581	***
	整合	0.684	***
	内化	0.609	***

续表

变量		标准化路径系数	P 值
组织学习	学习承诺	0.837	***
	共同愿景	0.663	***
	开放心智	0.616	—
合作绩效	客观绩效	0.737	—
	主观绩效	0.807	***

注:"—"为空值,对应于非标准化回归系数被设定为1的情况。

图7-7是在低值样本中得到的结果,通过AMOS5.0的计算,模型的拟合度指标值见表7-42,可知4个主要拟合度指标都没有通过检验,因此该模型不成立。

表7-42 OL-KS-CP模型的拟合度指标(低样本)

指标	绝对拟合指标				相对拟合指标			
	CMIN/DF	GFI	AGFI	RMSEA	NFI	IFI	TLI	CFI
模型拟合值	2.706	0.905	0.822	0.115	0.792	0.858	0.778	0.852

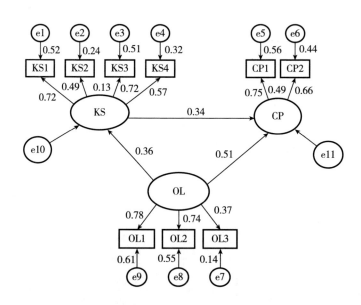

图7-7 控制变量 qj1:OL-KS-CP模型的低值样本分析

7.3.2.1 假设 4-1 分析

首先，在高值样本中，从 P 值上分析，知识共享与研发合作绩效之间的 P 值小于 0.05，显著性强。因此，假设 4-1 成立，即在 zzjg 的高值样本中，知识共享与研发合作绩效呈显著的正相关关系成立。

其次，在低值样本中，由于整个模型的拟合度指标不能通过检验，因此假设 4-1 不成立，即在 zzjg 的低值样本中，知识共享与研发合作绩效呈显著的正相关关系不成立。

7.3.2.2 假设 4-2 分析

首先，在高值样本中，从 P 值上分析，组织学习与研发合作绩效之间的 P 值小于 0.05，显著性强。因此，假设 4-2 成立，即在 zzjg 的高值样本中，组织学习与研发合作绩效呈显著的正相关关系成立。

其次，在低值样本中，由于整个模型的拟合度指标不能通过检验，因此假设 4-2 不成立，即在 zzjg 的低值样本中，组织学习与研发合作绩效呈显著的正相关关系不成立。

7.3.2.3 假设 4-3 分析

首先，在高值样本中，从 P 值上分析，知识共享与组织学习之间的 P 值小于 0.05，显著性强。因此，假设 4-3 成立，即在 zzjg 的高值样本中，知识共享与组织学习呈显著的正相关关系成立。

其次，在低值样本中，由于整个模型的拟合度指标不能通过检验，因此假设 4-3 不成立，即在 zzjg 的低值样本中，知识共享与组织学习呈显著的正相关关系不成立。

综上所述，在"知识共享、组织学习与研发合作绩效"的模型中，假设 H4 成立，即企业的组织结构设计方式不同，知识共享、组织学习及其对研发合作绩效的影响有显著差异。进一步分析可得，假设 H4-1、H4-2 和 H4-3 均成立，即企业的组织结构扁平化、柔性化，知识共享对研发合作绩效有显著影响；企业的组织结构复杂化、僵硬化，则知识共享对研发合作绩效的影响不显著。企业的组织结构扁平化、柔性化，组织学习对研发合作绩效有显著影响；企业的组织结构复杂化、僵硬化，则组织学习对研发合作绩效的影响不显著。企业的组织结构扁平化、柔性化，组织学习对知识共享有显著影响；企业的组织结构复杂化、僵硬化，则组织学习对知识共享的影响不显著。

7.3.3 信息技术对知识共享、组织学习和研发合作绩效关系的影响

图 7-8 是在高值样本中得到的结果，通过 AMOS5.0 的计算，模型的拟合度指标值见表 7-43，可知 CMIN/DF 的值为 1.779，不仅满足了小于 5 的基本拟合要求，而且低于更严格的指标 3；GFI、CFI、IFI 的值均大于 0.90，AGFI、NFI、TLI 虽然略低于 0.90，但也接近 0.85 的标准，且 RMSEA 的值为 0.077，小于 0.08 的基本要求。同时，从表 7-44 中可以看出，所有观测变量的标准化路径系数均已达到显著性，因此该模型成立。

表 7-43 OL-KS-CP 模型的拟合度指标（高样本）

指标	绝对拟合指标				相对拟合指标			
	CMIN/DF	GFI	AGFI	RMSEA	NFI	IFI	TLI	CFI
模型拟合值	1.779	0.934	0.877	0.077	0.841	0.923	0.879	0.920

表 7-44 变量的标准化路径系数（高样本）

变量	标准化路径系数	P 值
组织学习—知识共享	0.532	0.002
组织学习—合作绩效	0.329	0.026

续表

变量		标准化路径系数	P 值
知识共享—合作绩效		0.435	***
知识共享	社会化	0.681	—
	外化	0.631	***
	整合	0.767	***
	内化	0.592	***
组织学习	学习承诺	0.747	***
	共同愿景	0.650	***
	开放心智	0.352	—
合作绩效	客观绩效	0.803	—
	主观绩效	0.773	***

注："—"为空值，对应于非标准化回归系数被设定为1的情况。

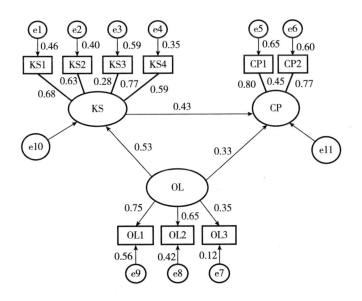

图7-8 控制变量 qj2：OL-KS-CP 模型的高值样本分析

图 7-9 是在低值样本中得到的结果，通过 AMOS5.0 的计算，模型的拟合度指标值见表 7-45，由表可知 RMSEA 的值为 0.101，大于 0.1 的最低标准，没有通过检验，因此该模型不成立。

表 7-45　OL-KS-CP 模型的拟合度指标（低样本）

指标	绝对拟合指标				相对拟合指标			
指标	CMIN/DF	GFI	AGFI	RMSEA	NFI	IFI	TLI	CFI
模型拟合值	2.628	0.921	0.852	0.101	0.853	0.904	0.851	0.901

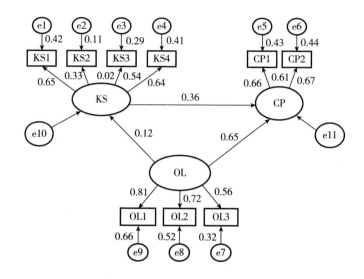

图 7-9　控制变量 qj2：OL-KS-CP 模型的低值样本分析

7.3.3.1　假设 5-1 分析

首先，在高值样本中，从 P 值上分析，知识共享与研发合作绩效之间的 P 值小于 0.05，显著性强。因此，假设 5-1 成立，即在 xxjs 的高值样本中，知识共享与研发合作绩效呈显著的正相关关系成立。

其次，在低值样本中，由于整个模型的拟合度指标不能通过检验，因此假设 5-1 不成立，即在 xxjs 的低值样本中，知识共享与研发合作绩效呈显著的正相关关系不成立。

7.3.3.2　假设 5-2 分析

首先，在高值样本中，从 P 值上分析，组织学习与研发合作绩效之间的 P 值小于 0.05，显著性强。因此，假设 5-2 成立，即在 xxjs 的高值样本中，组织学习与研发合作绩效呈显著的正相关关系成立。

其次，在低值样本中，由于整个模型的拟合度指标不能通过检验，因此假设 5-2 不成立，即在 xxjs 的低值样本中，组织学习与研发合作绩效呈显著的正相关关系不成立。

7.3.3.3 假设 5-3 分析

首先，在高值样本中，从 P 值上分析，知识共享与组织学习之间的 P 值小于 0.05，显著性强。因此，假设 5-3 成立，即在 xxjs 的高值样本中，知识共享与组织学习呈显著的正相关关系成立。

其次，在低值样本中，由于整个模型的拟合度指标不能通过检验，因此假设 5-3 不成立，即在 xxjs 的低值样本中，知识共享与组织学习呈显著的正相关关系不成立。

综上所述，在"知识共享、组织学习与研发合作绩效"的模型中，假设 H5 成立，即企业的信息化程度不同，知识共享、组织学习及其对研发合作绩效的影响有显著差异。进一步分析可得，假设 H5-1、H5-2 和 H5-3 均成立，即企业的信息化程度高，知识共享对研发合作绩效有显著影响；企业的信息化程度低，则知识共享对研发合作绩效的影响不显著。企业的信息化程度高，组织学习对研发合作绩效有显著影响；企业的信息化程度低，则组织学习对研发合作绩效的影响不显著。企业的信息化程度高，组织学习对知识共享有显著影响；企业的信息化程度低，则组织学习对知识共享的影响不显著。

7.3.4 企业文化对知识共享、组织学习和研发合作绩效关系的影响

图 7-10 是在高值样本中得到的结果，通过 AMOS5.0 的计算，模

型的拟合度指标值见表 7-46，可知 CMIN/DF 的值为 1.137，不仅满足了小于 5 的基本拟合要求，而且低于更严格的指标 3；GFI、AGFI、CFI、IFI、TLI、NFI 的值均大于 0.90，且 RMSEA 的值为 0.031，远小于 0.08 的基本要求。同时，从表 7-47 中可以看出，所有观测变量的标准化路径系数均已达到显著性，因此该模型成立。

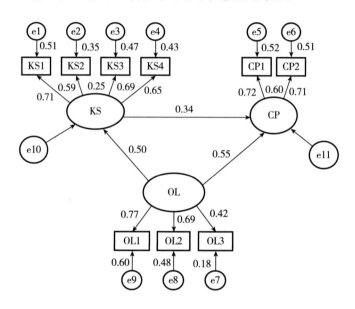

图 7-10 控制变量 qj3：OL-KS-CP 模型的高值样本分析

表 7-46 OL-KS-CP 模型的拟合度指标（高样本）

指标	绝对拟合指标				相对拟合指标			
	CMIN/DF	GFI	AGFI	RMSEA	NFI	IFI	TLI	CFI
模型拟合值	1.137	0.961	0.928	0.031	0.922	0.990	0.984	0.990

表 7-47 变量的标准化路径系数（高样本）

变量	标准化路径系数	P 值
组织学习—知识共享	0.501	***
组织学习—合作绩效	0.548	0.001

续表

变量		标准化路径系数	P 值
知识共享—合作绩效		0.338	0.009
知识共享	社会化	0.713	—
	外化	0.591	***
	整合	0.688	***
	内化	0.653	***
组织学习	学习承诺	0.775	***
	共同愿景	0.693	***
	开放心智	0.420	—
合作绩效	客观绩效	0.720	—
	主观绩效	0.713	***

注:"—"为空值,对应于非标准化回归系数被设定为1的情况。

图 7-11 是在低值样本中得到的结果,通过 AMOS5.0 的计算,模型的拟合度指标值见表 7-48,由表可知 6 个主要拟合度指标都没有通过检验,因此该模型不成立。

表 7-48 OL-KS-CP 模型的拟合度指标（低样本）

指标	绝对拟合指标				相对拟合指标			
	CMIN/DF	GFI	AGFI	RMSEA	NFI	IFI	TLI	CFI
模型拟合值	3.251	0.901	0.814	0.123	0.787	0.842	0.755	0.837

7.3.4.1 假设 6-1 分析

首先,在高值样本中,从 P 值上分析,知识共享与研发合作绩效之间的 P 值小于 0.05,显著性强。因此,假设 6-1 成立,即在 qywh 的高值样本中,知识共享与研发合作绩效呈显著的正相关关系成立。

其次,在低值样本中,由于整个模型的拟合度指标不能通过检验,因此假设 6-1 不成立,即在 qywh 的低值样本中,知识共享与研发合作绩效呈显著的正相关关系不成立。

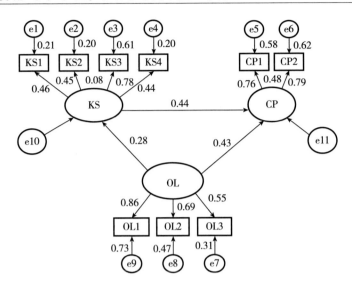

图 7-11 控制变量 qj3：OL-KS-CP 模型的低值样本分析

7.3.4.2 假设 6-2 分析

首先，在高值样本中，从 P 值上分析，组织学习与研发合作绩效之间的 P 值小于 0.05，显著性强。因此，假设 6-2 成立，即在 qywh 的高值样本中，组织学习与研发合作绩效呈显著的正相关关系成立。

其次，在低值样本中，由于整个模型的拟合度指标不能通过检验，因此假设 6-2 不成立，即在 qywh 的低值样本中，组织学习与研发合作绩效呈显著的正相关关系不成立。

7.3.4.3 假设 6-3 分析

首先，在高值样本中，从 P 值上分析，知识共享与组织学习之间的 P 值小于 0.05，显著性强。因此，假设 6-3 成立，即在 qywh 的高值样本中，知识共享与组织学习呈显著的正相关关系成立。

其次，在低值样本中，由于整个模型的拟合度指标不能通过检验，因此假设 6-3 不成立，即在 qywh 的低值样本中，知识共享与组织学习呈显著的正相关关系不成立。

综上所述,在"知识共享、组织学习与研发合作绩效"的模型中,假设 H6 成立,即企业的文化氛围不同,知识共享、组织学习及其对研发合作绩效的影响有显著差异。进一步分析可得,假设 H6-1、H6-2 和 H6-3 均成立,即企业文化的学习氛围好,知识共享对研发合作绩效有显著影响;企业文化的学习氛围差,则知识共享对研发合作绩效的影响不显著。企业文化的学习氛围好,组织学习对研发合作绩效有显著影响;企业文化的学习氛围差,则组织学习对研发合作绩效的影响不显著。企业文化的学习氛围好,组织学习对知识共享有显著影响;企业文化的学习氛围差,则组织学习对知识共享的影响不显著。

7.3.5 信任机制对知识共享、组织学习和研发合作绩效关系的影响

图 7-12 是在高值样本中得到的结果,通过 AMOS5.0 的计算,模型的拟合度指标值见表 7-49,可知 CMIN/DF 的值为 2.099,不仅满足了小于 5 的基本拟合要求,而且低于更严格的指标 3;GFI、CFI、IFI 的值均大于 0.90,AGFI、NFI、TLI 虽然略低于 0.90,但也大于 0.85 的标准,且 RMSEA 的值为 0.089,远小于 0.1 的最低要求。同时,从表 7-50 中可以看出,所有观测变量的标准化路径系数均已达到显著性,因此该模型成立。

表 7-49　OL-KS-CP 模型的拟合度指标(高样本)

指标	绝对拟合指标				相对拟合指标			
	CMIN/DF	GFI	AGFI	RMSEA	NFI	IFI	TLI	CFI
模型拟合值	2.099	0.928	0.865	0.089	0.857	0.920	0.875	0.916

表 7-50　变量的标准化路径系数（高样本）

变量		标准化路径系数	P 值
组织学习—知识共享		0.371	0.018
组织学习—合作绩效		0.399	0.012
知识共享—合作绩效		0.578	***
知识共享	社会化	0.668	—
	外化	0.624	***
	整合	0.770	***
	内化	0.604	***
组织学习	学习承诺	0.759	0.002
	共同愿景	0.650	0.002
	开放心智	0.310	—
合作绩效	客观绩效	0.749	—
	主观绩效	0.708	***

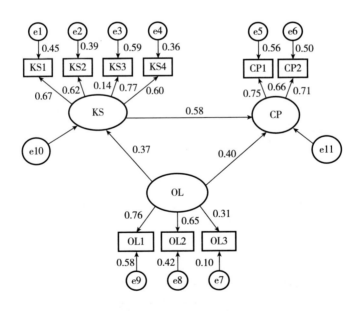

图 7-12　控制变量 qj4：OL-KS-CP 模型的高值样本分析

图 7-13 是在低值样本中得到的结果，通过 AMOS5.0 的计算，模

型的拟合度指标值见表 7-51，由表可知 RMSEA 的值为 0.104，大于 0.1 的最低标准，没有通过检验，因此该模型不成立。

表 7-51 OL-KS-CP 模型的拟合度指标（低样本）

指标	绝对拟合指标				相对拟合指标			
	CMIN/DF	GFI	AGFI	RMSEA	NFI	IFI	TLI	CFI
模型拟合值	2.350	0.931	0.870	0.104	0.854	0.910	0.861	0.907

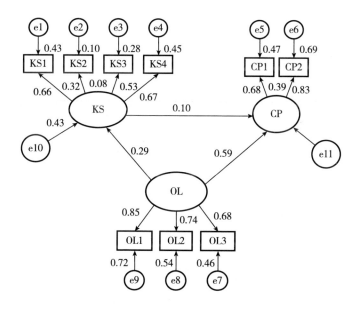

图 7-13 控制变量 qj4：OL-KS-CP 模型的低值样本分析

7.3.5.1 假设 7-1 分析

首先，在高值样本中，从 P 值上分析，知识共享与研发合作绩效之间的 P 值小于 0.05，显著性强。因此，假设 7-1 成立，即在 xrjz 的高值样本中，知识共享与研发合作绩效呈显著的正相关关系成立。

其次，在低值样本中，由于整个模型的拟合度指标不能通过检验，因此假设 7-1 不成立，即在 xrjz 的低值样本中，知识共享与研发合作绩效呈显著的正相关关系不成立。

7.3.5.2 假设 7-2 分析

首先，在高值样本中，从 P 值上分析，组织学习与研发合作绩效之间的 P 值小于 0.05，显著性强。因此，假设 7-2 成立，即在 xrjz 的高值样本中，组织学习与研发合作绩效呈显著的正相关关系成立。

其次，在低值样本中，由于整个模型的拟合度指标不能通过检验，因此假设 7-2 不成立，即在 xrjz 的低值样本中，组织学习与研发合作绩效呈显著的正相关关系不成立。

7.3.5.3 假设 7-3 分析

首先，在高值样本中，从 P 值上分析，知识共享与组织学习之间的 P 值小于 0.05，显著性强。因此，假设 7-3 成立，即在 xrjz 的高值样本中，知识共享与组织学习呈显著的正相关关系成立。

其次，在低值样本中，由于整个模型的拟合度指标不能通过检验，因此假设 7-3 不成立，即在 xrjz 的低值样本中，知识共享与组织学习呈显著的正相关关系不成立。

综上所述，在"知识共享、组织学习与研发合作绩效"的模型中，假设 H7 成立，即企业间相互信任程度高低不同，知识共享、组织学习及其对研发合作绩效的影响有显著差异。进一步分析可得，假设 H7-1、H7-2 和 H7-3 均成立，即研发合作中，企业间信任程度高，知识共享对研发合作绩效有显著影响；企业间信任程度低，则知识共享对研发合作绩效的影响不显著。研发合作中，企业间信任程度高，组织学习对研发合作绩效有显著影响；企业间信任程度低，则组织学习对研发合作绩效的影响不显著。研发合作中，企业间信任程度高，组织学习对知识共享有显著影响；企业间信任程度低，则组织学习对知识共享的影响不显著。

7.4 结果讨论与策略分析

通过本书的结构方程模型验证可得，知识共享、组织学习对供应链企业间研发合作绩效有显著的正效应，由此，提高供应链企业间的研发合作绩效可以借鉴研究这两方面因素的作用机理，从理论上予以指导。同时，需要指出的是，不同的情境因素作用下，知识共享、组织学习对供应链企业间研发合作绩效的关系的影响有显著差异，所以我们在考虑提升供应链企业间研发合作绩效时不能忽视企业的情境因素。

根据对收集到的数据的分析，对假设进行验证的结果见表 7-52，所有假设都通过了验证。本书将对假设验证后的结论进行讨论分析。

表 7-52　假设检验结果分析

假设	内容	结论
H1	知识共享与研发合作绩效显著正相关	支持
H2	组织学习与研发合作绩效显著正相关	支持
H3	组织学习与知识共享显著正相关	支持
H4	企业的组织结构设计方式不同，知识共享、组织学习及其对研发合作绩效的影响有显著差异	支持
H4-1	企业的组织结构扁平化、柔性化，知识共享对研发合作绩效有显著影响；企业的组织结构复杂化、僵硬化，则知识共享对研发合作绩效的影响不显著	支持
H4-2	企业的组织结构扁平化、柔性化，组织学习对研发合作绩效有显著影响；企业的组织结构复杂化、僵硬化，则组织学习对研发合作绩效的影响不显著	支持

续表

假设	内容	结论
H4-3	企业的组织结构扁平化、柔性化，组织学习对知识共享有显著影响；企业的组织结构复杂化、僵硬化，则组织学习对知识共享的影响不显著	支持
H5	企业的信息化程度不同，知识共享、组织学习及其对研发合作绩效的影响有显著差异	支持
H5-1	企业的信息化程度高，知识共享对研发合作绩效有显著影响；企业的信息化程度低，则知识共享对研发合作绩效的影响不显著	支持
H5-2	企业的信息化程度高，组织学习对研发合作绩效有显著影响；企业的信息化程度低，则组织学习对研发合作绩效的影响不显著	支持
H5-3	企业的信息化程度高，组织学习对知识共享有显著影响；企业的信息化程度低，则组织学习对知识共享的影响不显著	支持
H6	企业的文化氛围不同，知识共享、组织学习及其对研发合作绩效的影响有显著差异	支持
H6-1	企业文化的学习氛围好，知识共享对研发合作绩效有显著影响；企业文化的学习氛围差，则知识共享对研发合作绩效的影响不显著	支持
H6-2	企业文化的学习氛围好，组织学习对研发合作绩效有显著影响；企业文化的学习氛围差，则组织学习对研发合作绩效的影响不显著	支持
H6-3	企业文化的学习氛围好，组织学习对知识共享有显著影响；企业文化的学习氛围差，则组织学习对知识共享的影响不显著	支持
H7	企业间相互信任程度高低不同，知识共享、组织学习及其对研发合作绩效的影响有显著差异	支持
H7-1	研发合作中，企业间信任程度高，知识共享对研发合作绩效有显著影响；企业间信任程度低，则知识共享对研发合作绩效的影响不显著	支持
H7-2	研发合作中，企业间信任程度高，组织学习对研发合作绩效有显著影响；企业间信任程度低，则组织学习对研发合作绩效的影响不显著	支持
H7-3	研发合作中，企业间信任程度高，组织学习对知识共享有显著影响；企业间信任程度低，则组织学习对知识共享的影响不显著	支持

7.4.1 假设检验的结果分析

7.4.1.1 知识共享、组织学习与研发合作绩效关系分析

本书提出三个假设来验证知识共享、组织学习对供应链企业间研发合作绩效的影响关系，通过实证研究检验，以上假设均成立。即知

识共享与研发合作绩效呈正相关；组织学习与研发合作绩效呈正相关；组织学习与知识共享呈正相关。现将三者之间的影响机理解释如下：

（1）假设 1 检验结果分析。目前国内外学者关于知识共享与研发合作绩效的关系的研究主要集中在定性和实证方面。在定性研究方面，学者们主要研究了组织合作学习中的知识学习的过程、要素、模式影响因素以及知识转移同某些管理要素（诸如企业绩效、创新等）的关系；在定量研究方面，文献基本上都是从知识转移的成本及对企业的收益角度，结合产业经济学的企业竞争模型，以博弈论和优化理论为基本方法进行经济效用分析。知识共享作为企业合作绩效的重要影响因素，其与合作绩效关系在实证方面的研究还很欠缺，而本书就是从知识共享对企业合作绩效的关系进行研究，找出了知识共享与企业研发合作绩效之间的相关关系。

本书提出假设 1 来证明知识共享对研发合作绩效的影响，在实证研究阶段，假设 1 通过了显著性检验，证明知识共享与企业研发合作绩效显著正相关（从 P 值上分析，知识共享与研发合作绩效之间的 P 值小于 0.05，标准化路径系数为 0.414）。因此，我们可以认为企业间知识共享有利于企业技术知识的积累，能促进企业自主研发能力的提升，并进一步降低企业研发成本，使新产品开发周期缩短和新产品质量提高以及新产品市场占有率提升。

在知识经济时代，知识以及创造知识和运用知识的能力，是一个企业获得可持续竞争优势的最重要来源。在知识经济时代，决定企业长期绩效的因素是企业的创新能力，而跨单位知识共享是企业创新能力的源泉。基于资源的企业观认为，企业所具有的有价值的、稀有的、不可模仿的、难以替代的资源是保持竞争优势的源泉。有效的知识共享可以加速知识在企业内的流动与综合，促进企业的知识创新，构建属于企业自身的独特的专有知识。知识共享的重要意义体现在：①知识共享是知识价值实现的重要途径；②知识共享是提升企业核心竞争力的途径；③知识共享是知识创新的有效途径。随着研发的不断深入、复杂化程度加剧以及研发难度加大，研发结果的不确定性日益加剧，与此同时，研发成本也呈现不断上升的趋势。研发不确定性的提高和研发成本不断加大所带来的风险对于大部分企业而言是难以独立承受的。合作伙伴之间信息的充分交流有助于减小研发的不确定性和提高资金的使用效率。因此，研发的平均速度较高。Combs 的研究认为对于任意一项研发项目，不同企业采取的研发途径不同。合作企业之间通过研发战略和研发结果讨论能够更有效地选择适当的研发途径，从而使研发的成功率上升，而实际资金投入在一定程度上也会减少。

（2）假设 2 检验结果分析。关于组织学习对组织绩效影响，大多数学者的研究表明，组织学习对组织绩效有着显著的正面影响：①在财务方面，组织学习可以促进销售增长、提高获利能力等；②在营运绩效方面，组织学习可以缩短采购周期时间、促进新产品成功、提高市场占有率等；③在组织效能方面，组织学习可以提高员工的满意度、员工对组织的承诺等。但也有少数的学者认为组织学习并非都能达到提高组织绩效的目的。

本书通过建立组织学习与研发合作绩效的关系模型，以我国研发合作企业为调查对象，通过实证研究，证明组织学习与企业研发合作绩效显著正相关（从 P 值上分析，组织学习与研发合作绩效之间的 P 值小于 0.05，标准化路径系数为 0.471）。因此，我们可以认为企业间组织学习能力越强，合作伙伴之间信息的交流越充分，就越有利于企业新技术知识的积累，从而促进企业自主研发能力的提升，并进一步降低企业研发成本，使新产品开发周期缩短和新产品质量提高以及新产品市场占有率提升。同时，由于暗默性知识的存在以及难以定价，企业很难通过市场交易的方式来获得知识。根据学习理论的观点，组织间的合作关系是企业间进行知识转移的一个非常有效的途径。企业之间进行合作研发的意义不仅在于完成共同的项目，还能从合作过程的知识交换中增强自己的能力，为未来的研发打下基础。

（3）假设3检验结果分析。本书提出假设3来证明组织学习与知识共享的关系，在实证研究阶段，假设3通过显著性检验，证明组织学习与知识共享显著正相关（从P值上分析，知识共享与组织学习之间的P值小于0.05，标准化路径系数为0.357）。我们可以认为企业的组织学习能力越强，越有利于其所在研发合作企业之间的知识交流和沟通，进而越有利于企业的知识转移和共享。

组织学习是指组织将其成员经过学习得到的知识转化为组织的知识，并用来改善组织活动，从而进一步扩散、储存在组织内部的过程。它是建立在个人学习基础之上的，但是，组织学习更多的是强调知识的转化、扩散和储存。组织的学习对知识共享的影响作用可以体现在企业吸收新知识的速度及转换效果上。组织的学习能力越强，企业吸收转换外来新知识的速度与效率就越高。同时，组织学习可以增强组织内部及组织间的知识的共通程度，使知识能够更加有效地沟通、传播和共享。对于合作研发来说，组织学习能力会直接影响知识的跨组织流动与共享。总之，企业的组织学习能力越强，越有利于其所在研发合作企业之间的知识共享。

7.4.1.2　情境因素对知识共享、组织学习与研发合作绩效关系的影响分析

管理系统的复杂性，使得管理系统的输入、处理、输出和反馈都与主客观背景融为一体，难以做到系统本体和环境在一定条件下隔离

处理。同时，在管理领域，因为受到情境因素的影响，系统本体转换模式往往具有权变性。所以研究管理活动而不研究情境则难以探明其真谛。

就本书而言，知识共享、组织学习和研发合作绩效的影响不是简单的相关关系，其影响关系是一个复杂的过程，同时受到组织、管理、技术等多方面因素的影响，而且与组织的内外部环境密切相关。因此，研究知识共享、组织学习和研发合作绩效的关系不能脱离企业的环境背景，除了考虑他们的直接影响外，还必须以权变的眼光看待情境因素对其影响过程的影响。本书考虑四类情境因素：信任机制、企业文化、组织结构和信息技术。结果显示这四类情境因素均对知识共享、组织学习和合作绩效之间的关系有显著影响，现将其影响机理解释如下：

（1）假设 4 及其子假设检验结果分析。在"控制变量 qj1：知识共享、组织学习与研发合作绩效"的模型中，假设 4 成立：企业的组织结构设计方式不同，知识共享、组织学习及其对研发合作绩效的影响有显著差异。即企业的组织结构扁平化、柔性化，知识共享对研发合作绩效有显著影响；企业的组织结构复杂化、僵硬化，则知识共享对研发合作绩效的影响不显著。企业的组织结构扁平化、柔性化，组织学习对研发合作绩效有显著影响；企业的组织结构复杂化、僵硬化，则组织学习对研发合作绩效的影响不显著。企业的组织结构扁平化、柔性化，组织学习对知识共享有显著影响；企业的组织结构复杂化、僵硬化，则组织学习对知识共享的影响不显著。

企业绩效的提升需要广泛学习和共享别人的知识和技能，而知识的交流和学习又要求企业具有良好的有利于知识交流与传播的组织结构，使得组织成员具有收集和分享知识的组织条件。如果一个组织结构不利于知识的交流与传播，那么再多的传播工具也不能使知识共享和组织学习在企业绩效提升方面产生重要作用。目前普遍认同的一个观点就是，组织结构对企业知识的共享和组织学习有一定的影响，合理的组织结构有利于促进知识的交流与学习。组织结构对于促进知识的转移和传播具有重要作用，传统的组织结构模式已经限制了企业共享知识的能力（Lubit，2001）。根据 Pedler、Burgoyne & Boydell（1991）的研究，松散的结构和角色、临时的部门以及为个人提供发展机会的结构边界有利于促进组织学习，重用组织边界上的员工以及跨组织的学习行为有助于推动组织学习。金字塔式的层级管理结构，过多的组织层级对知识和信息会产生过滤作用，阻碍知识和信息的快速、顺畅流动，不利于组织间知识共享的实现。企业间知识共享要求企业转变组织结构模式，要求组织结构简单化、扁平化、弹性化。组织结构的扁平化，有助于形成开放的、学习的、畅通的、互动的知识传播和反馈渠道。信息沟通与决策的方式和效率均可得到改变，这样客观上促进了主管与下属的沟通与协商，大大提高了信息传递的质量，减少了知识共享的环节，最大限度地促进知识流动和学习。所谓组织结构柔性化，即组织结构具有变动性，能够不断使企业目标与外部环境变化相适应；员工的工作岗位在一定程度上也具有变动性。员工本身是知识的载体，员工在各部门之间或层级之间流动，有助于知识特别是隐性知识的传播和共享。Hernes（1999）则指出组织学习与组织结构是相互约束的关系。Hernes 认为由于组织结构中包含了组织的认知结构模式，所以如果在不改变认知结构的前提下将学习系统引入组织，其效果将是短暂的，这阻碍了组织变革的持续性。正确的做法是根据个人的学习模式对整个组织的结构进行全面的整改，从而将组织学习系统植根于组织的认识结构中。

（2）假设 5 及其子假设检验结果分析。在"控制变量 qj2：知识共享、组织学习与研发合作绩效"的模型中，假设 5 成立：企业的信息化程度不同，知识共享、组织学习及其对研发合作绩效的影响有显著差异。即企业的信息化程度高，知识共享对研发合作绩效有显著影响；企业的信息化程度低，则知识共享对研发合作绩效的影响不显著。企业的信息化程度高，组织学习对研发合作绩效有显著影响；企业的信息化程度低，则组织学习对研发合作绩效的影响不显著。企业的信息化程度高，组织学习对知识共享有显著影响；企业的信息化程度低，则组织学习对知识共享的影响不显著。

随着现代信息科学和网络技术的发展，信息技术越来越多地影响到组织的各个层面。Brown & Duguid（1991）等学者提出新技术（如多媒体、通信、计算机辅助学习等）会有很深远的研究价值。Grantham 认为技术可以用来加速沟通、引出隐性知识、记录悟性或洞察力的发展并对这些记录分类。这些都可以极大地加速组织学习进程和知识共享效果，从而迅速加深知识共享、组织学习对研发合作绩效关系的影响关系。

知识管理系统作为实现知识管理的计算机信息管理系统，是一个具有知识管理能力和协同工作能力的软件系统，是一种集管理方法、知识处理、智能决策和组织战略发展规划于一体的综合系统，是知识管理的实施平台。作为知识管理的重要部分，知识共享和组织学习的实现同样需要依托于一定的技术基础，这涉及网络技术如 Internet/Intranet/Extranet、WWW、信息高速公路、面向对象技术和数据库技术、软件开发语言、分布式数据库技术、协同工程技术、知识推送和代理技术、知识仓库和知识挖掘技术等。由于各个企业的信息化程度不同，对上述诸项技术的掌握不同，其知识管理系统的成熟程度也存在着极大的差异。在供应链企业间的知识共享和组织学习过程中，如果合作双方的知识管理系统的差异较大，将会极大地影响知识共享和组织学习的效率。即便合作双方的知识管理系统相当，不同系统之间的兼容问题也不容忽视。为了解决这一问题，各个节点企业都应加快自身信息化建设的脚步，并尽量选择那些兼容性好、升级方便的技术，力图为知识共享扫清技术上的障碍。

（3）假设6及其子假设检验结果分析。在"控制变量qj3：知识共享、组织学习与研发合作绩效"的模型中，假设6成立：企业的文化氛围不同，知识共享、组织学习及其对研发合作绩效的影响有显著差异。即企业文化的学习氛围好，知识共享对研发合作绩效有显著影响；企业文化的学习氛围差，则知识共享对研发合作绩效的影响不显著。企业文化的学习氛围好，组织学习对研发合作绩效有显著影响；企业文化的学习氛围差，则组织学习对研发合作绩效的影响不显著。企业文化的学习氛围好，组织学习对知识共享有显著影响；企业文化的学习氛围差，则组织学习对知识共享的影响不显著。

企业绩效的提升需要广泛学习和共享别人的知识和技能，而知识的交流和学习又要求组织成员具有收集和分享知识的思想准备。如果一个组织没有好的文化风气和激励机制来鼓励员工共享有关的技术知识，那么再多的传播工具也不能使其在企业绩效提升方面产生重要作用。Kimball（1998）在研究知识工作者的学习态度时，发现组织文化会影响个人的学习动机、态度与成效。因此，组织若能创造一种"鼓励学习"的文化，则组织成员就较易与他人分享本身的经验与知识。Fiol & Lyles认为相关的因子如文化和战略都可以影响组织学习。组织可以采用特定的文化和战略鼓励学习。组织的文化（信仰、意识形态、价值和规范）和组织内的资源（金钱、人员等）能够决定学习的质量和数量。企业的学习文化也有助于创造组织学习的条件，比如支持组织成员进行创新实验、鼓励组织成员从经验中学习、领导者给予反馈和引导等。DeTienne 等（2004）在其知识转移理论模型中重点分析了组织文化的 3 个关键组成部分：合作参与、信任和激励。他们指出如果企业没有鼓励合作参与和高度信任的文化，知识管理效果将大大受损。Preffer & Robert（1999）认为组织若能支持、创造出信赖的环境，再使用开放的沟通方式及授权给员工，并建立合作及互相学习的文化，则组织成员间较易产生知识共享的行为，团队工作的绩效就较佳，也较易将知识转化为行动。Martin（2000）认为组织文化是知识管理成功与否的关键。知识共享文化须营造一个充满信任与开放的环境，在此环境中，持续的学习与实验是被赋予高度的价值、赞赏与支持的。

（4）假设 7 及其子假设检验结果分析。在"控制变量 qj4：知识共享、组织学习与研发合作绩效"的模型中，假设 7 成立：企业间相互信任程度高低不同，知识共享、组织学习及其对研发合作绩效的影响有显著差异。即研发合作中，企业间信任程度高，知识共享对研发合作绩效有显著影响；企业间信任程度低，则知识共享对研发合作绩效的影响不显著。研发合作中，企业间信任程度高，组织学习对研发合作绩效有显著影响；企业间信任程度低，则组织学习对研发合作绩效的影响不显著。研发合作中，企业间信任程度高，组织学习对知识共享有显著影响；企业间信任程度低，则组织学习对知识共享的影响不显著。

关于信任机制对知识共享、组织学习与研发合作绩效关系的影响实证分析结果与理论分析一致。企业绩效的提升需要广泛学习和共享别人的知识和技能，而知识的交流和学习又要求组织成员具有一个充分互信机制，尤其在知识型企业中，知识是权利和地位的象征，员工可以凭借拥有的隐性知识而获得公司奖金、晋升和声誉等。对隐性知识的拥有者而言，传授隐性知识不仅需要耗费时间和精力，无形中也增强了竞争对手的能力，给自己增加了威胁，因此成员间为了维护自己在企业中的特殊地位而不愿意把自己拥有的隐性知识与其他员工共享，进而可能会减弱甚至消除知识共享和组织学习在企业绩效提升方面所产生的重要作用。众多有关知识传递和组织学习的文献都指出，信任能够促进人们之间的信息、经验、知识的交流。合作伙伴间的高层次的信任能够极大地促进高效的知识传递和组织学习。当知识转移的双方之间存在信任的时候，人们更愿意给予对方有用的知识，同时也将更愿意接受和吸收他人提供的知识。Zand 发现，与成员之间相互信任水平较低的实验组相比较，在具有较高信任水平的实验组内，信息交流的准确性和及时性都较高。由于对同伴的信任，使信任主体减少了对同伴的控制，并且更愿意接受同伴对自己的影响，同时给予同伴更为准确和完整的数据信息。Andrews & Delahay 认为，接受方感受到的提供方的可靠性和提供方所感受到的接受方的可信性分别在知识的获取和共享过程中起着重要的促进作用。他们还认为信任在知识共享中的重要性甚至超过了正式的合作程序，因为如果没有信任的存在，知识共享就不可能发生。Szulanski（2000）进一步从反面验证了不信任对于知识转移的消极作用，他从妨碍知识转移的因素入手，证实了知识提供方缺乏可靠性是造成知识转移在前三个阶段中出现困难的主要因素。他提出，如果接受方认为提供方不可靠，那么接受方将不愿意吸收、运用提供方所提供的知识。因此我们可以看出，信任机制在知识共享、组织学习与研发合作绩效关系中的重要调节作用。

7.4.2 政策建议

要激发起供应链中所有组织成员（节点）潜在的创造才能和智慧，提升企业研发合作绩效只有一条途径，那就是培育一个开放的、充满生机与活力的组织文化，并调动各种激励措施来维持这个组织环境的良性循环。组织应该先建立一定的核心文化，该核心文化使成员对组织有强烈的认同感和归属感，员工在组织共同目标的指引下愿意共享自己的隐性知识。但仅靠认同感的精神激励难以持久，组织必须建立精神和物质两种不同的、互为补充的、与组织核心文化理念相适应的激励机制再辅助于良好的交流环境和交流平台来实现组织知识的共享与学习，从而进一步提升企业研发合作绩效。在此，本书对供应链企业间的研发合作企业提出以下建议：

7.4.2.1 建立开放性的企业文化

企业文化氛围的塑造在于它用一种无形的方式影响和管理企业和人。因此，应从人的角度出发，建立开放性的企业文化，在正常的岗位竞争环境下，培养员工的企业归属感，打破员工由于自我保护而产生的对知识共享的抵制，消除思想顾虑。开放的企业文化要求企业培育轻松、愉快的学习氛围，鼓励组织成员自由地交换他们的想法、理念和工作方式。为此，管理层应进行动态管理，鼓励员工开展团队合作，进行定期的沟通、交流及深度会谈等活动，并建立反思、反馈系统以更好地促进个人学习和知识的交流共享。组织每个成员都应认真倾听别人的言论，并质疑自己提出的观点，容忍甚至鼓励怀疑、否定等不同的声音。例如，微软的学习文化，即"通过自我批评学习，通过信息反馈学习，通过交流共享学习"。这种敞开心扉、聆听他人的开放式组织文化可以帮助组织成员认清自己，完善自己认识上的缺陷，解除"防卫性自信",促进知识交流、共享。只有做到知识和能力的共享,才能为组织带来真正的力量。

7.4.2.2 建立扁平化、柔性化的组织结构

信息革命通过纵横交错的信息网络使信息传递方式由阶层型变为水平型,因此,要求与此相连的管理组织结构从"金字塔"型变成扁平的有机的矩阵网络型。这种组织结构管理层次少,信息传递速度快,有利于知识尽可能自然地流动,避免了知识的流失和信息的失真,更加民主与灵活,有利于发挥员工的主动性与创造性,为研发人员及时、正确地获取所需要的知识提供了有力的组织保障,是知识型企业组织结构。在遇到某一问题时,将在不同领域内工作的具有不同知识与技能的人集中到特定团队中,以迅捷、有效地制定解决方案,团队成员的问题解决后则又回到各自的工作领域,从而提高了员工之间面对面的接触机会,促进了员工之间知识的交流与共享。

7.4.2.3 建全激励机制

企业的激励制度和措施也是影响组织学习与知识共享的关键因素。尽管目前还没有人能够提出一套激励理论令人了解人类行为背后的动力因素,但是,学术界和企业界一致认为:员工的需要是激励过程的起始点。企业对员工的激励应该根据员工的需要而采取相应的激励行动,以满足其需要。人的需要无非是两个方面的,即物质需要和精神需要。因此,激励方法大致有两种:物质激励和精神激励。

第一,精神奖励。根据马斯洛需求层次分析,人们高层次的需求是他人尊重及自我价值的实现。因此,精神上的认可能够在很大程度上平衡物质利益所带来的不均衡感,对员工参与知识共享行为的肯定,能够从正面强化这种行为。精神上的奖励、他人的尊重、自我价值的实现,在一定程度上能够削弱物质所带来的知识共享风险。例如,有

的企业用员工的名字命名某项发明、创新的产品或设备等，这种做法就是对员工行为的肯定。每个人都需要得到其他人的认可，被同事尊重。因此，企业应根据这一心理需求特征，寻求通过内部刊物、板报、其他组织活动等各种途径和方式宣传、表扬那些积极主动参与知识交流活动，把自己所拥有的特殊技能、技巧毫无保留地贡献出来，为组织发展做出杰出贡献的员工。这种精神奖励效果有时远远高于物质奖励。

第二，物质奖励。工资报酬的提高是激励员工的重要手段之一。但是，由于知识共享、贡献付出行动的效果滞后性、参与程度热情难以测量等困难的存在，许多企业只做到精神奖励的程度，激励、报酬、职业升迁系统却没有做出相应改变，这在很大程度上抹杀了员工的行为成果，降低了他们对知识共享参与的热情，增大了知识共享的风险。基于这点，组织可以在绩效评价、工资报酬中把对知识交流、共享活动的参与程度与贡献加进去，作为职业升迁的一项指标，使这种行为在制度上得到刚性支持。

7.4.2.4 建立信任机制

信任是企业员工团结合作的前提，企业员工之间彼此信任，会减少沟通的成本和障碍，促进知识的共享。员工之间的信任是建立在共同的价值观和共同语言基础上的。任何知识共享项目成功的主要原因是参与者有共同语言，因为经过相同的训练和工作经历，在几乎相同的领域内工作的人就很容易理解其他同行的言行。许多研究表明，共同的语言对创造性的知识共享是至关重要的。离开了它，任何人都难以理解和信任他人。假如企业员工彼此不了解对方所从事的工作，或者他们处于不同国家、不同语言和历史文化背景下，这都会影响彼此之间的沟通，削弱对对方知识的认同和信任关系的建立，从而打消共享对方知识的念头。而且，信任必须从领导层开始推动，因为管理者可以影响政策，并在一定程度上控制组织文化和相关期望。这样，以制度为基础的信任才能得以发展，员工才愿意分享他们的知识和创造新的知识。

组织学习与交流需要员工主动地、自觉地参与，通过交流实现知识共享。成员间强烈的关爱和信任是知识（特别是模糊知识）共享、知识创新的基础。要着力于实现知识的共享，就要求组织内部形成相互信赖的关系和统一的价值观。信任是使信息在组织内部得以流动和传播的润滑剂。在诚实和信用基础上建立起来的组织关系下，个人和组织都是以诚实的态度相互对待，双方都谋求在信任的基础上共事其所关心的事物和问题能够被提出，并在毫无保留和掩盖的方式下进行讨论。知识和信息可以在不断变化的、广阔的范围内自由流动。在这样的组织内，人们可以毫无顾忌地公开他们的缺点和优点、优势和劣势，而不必担心会受到来自组织的威胁和压制。在这种模式下，组织中的每个人都会相信，问题能够很容易地被解决，因此，当出现问题时，双方不是消极地对抗，而是更加积极地学习。所以，信任、交流、学习和分享是组织学习成功的前提，而其中"信任"因素至关重要。有了组织内外成员之间的信任，才能形成公开交流、相互学习、实现分享的良性循环，组织学习才会无阻地进行。

7.4.2.5 建立知识共享的信息网络

组织的信息网络是知识共享与交流的平台。应构建敞开的、无障碍的、人性化的、开放性的综合信息网络。当前信息技术尤其是计算机群体技术、电子邮件、网络技术为知识的收集、整理和分析提供了强大的技术支撑，使知识的扩散和激活更加方便高效，全球范围迅捷的知识共享也成为可能。企业通过开发和应用知识管理系统，建立知识共享的信息网络，包括企业外联网和内联网，从而有效地进行知识的编码化和远距离传递，促进知识在企业内的广泛交流；建立基于外联网和内联网的电子公告板，为知识的需要方和所有方之间的接触创造机会，从而可以比较容易地找到掌握知识的人；采用多媒体技术和知识挖掘技术，将员工的隐性知识尽可能挖掘出来，并清楚地将之表述出来，从而开发出尽可能多的知识以便使用；对知识进行分类整理，使之标准化和特征化，建立知识库，从而使知识的使用变得更加方便。

通过将内部和外部各种所有应用数据用统一的界面集成到一个信息管理平台之上，使得企业（组织）与客户、供应商、分销商及合作伙伴（甚至还包括企业的竞争对手）之间的信息流得到畅通、高效的处理，内部员工、客户、供货商及合作伙伴都可以通过这个平台信息共享。这样，企业内部员工之间的知识获取、共享及交流，就不仅局限于内部，而是与外部市场紧密相连。该网络通过与企业其他信息系统的集成，使企业能够释放、存储在内部和外部的各种信息，使企业员工、客户、供应商和合作伙伴能够从单一的渠道访问其所需要的个性化信息。从知识的时效性来看，这个平台为组织学习的动态性和知识有效性、精确性提供了强大的技术支持。这种开放式的组织学习，会极大地加强企业（组织）面对复杂而动荡的外部环境快速应变的能力。

7.4.2.6 加强交流

积极开展企业中的交流活动。企业内部员工之间的知识共享，可以通过开展培训、讨论、岗位轮换、师傅带徒弟等方式进行，也可以通过出版内部刊物、交流文件等形式进行。这些正式的交流，有助于培养员工的共同语言，建立员工之间的信任关系，对显性知识的大规模、高效率的共享是有效的。但在隐性知识的共享方面，仍需非正式交流的补充，许多事实证明，大量成功的知识共享是通过非正式的交流来完成的，如电话、面对面的交谈、交谊会、聚餐等。在非正式场合下，气氛比较轻松自由，员工可以畅所欲言。通过非正式的交流，员工会加深了解，建立信任和友谊关系，有助于彼此间的知识共享。如佳能产品的研发人员不定期地在周末开野营会，就一些关键的研发问题和技术展开讨论，进行交流，实现知识共享。

7.4.2.7 创造共同的愿景

共同的愿景是对组织未来的设想和憧憬。共同的愿景目标反映了组织内全体成员利益的共同性。一种有效的愿景不仅在战略上合理，而且能以一种清晰、激动人心、催人奋进的方式广泛地引起人们情感上的共鸣。愿景把组织的目的转换成一种明确的、有活力的、为人高度关注的目标或愿望，它能把组织带入未来状态。生动的表述使人们对愿景产生普遍的理解，激发了人们的兴趣，在组织内部转变成各部门、团体、个人的期望和行为，使员工的精神境界从单调的日常工作中得到升华，他们将在新的世界中以不断的学习面对机会与挑战。所以，共同的愿景不仅能集中企业（组织）资源、统一企业意志、振奋企业精神，从而指引、激励企业取得出色的业绩，而且能够为组织学习提供内在激励。有效的愿景包括：确定组织的目的和使命，运用多种生动的方法来阐明令人振奋的、富于吸引力的未来组织状态以及发展方向。所要表达的是一种清楚、可信的目标，它会将人们的努力统一起来、集中起来。在他们的方案中，愿景所表达的组织目的应该说明组织存在的理由。这种组织存在的理由应该是一种根本性的、广泛的、激励人的持久性的理由，以此来感召全体组织成员。共同愿景的力量在于它创造出了组织一体的感觉，使个人萌生出归属感和使命感，从而将个人的活动融合成一个整体，自觉地、孜孜不倦地为实现愿景而努力奋斗。因此，共同愿景是组织中个人强烈学习欲望的源泉，是组织学习不竭的动力。

7.4.2.8 完善心智模式，进行系统思考

自我超越是针对员工个人内部思想的修炼。自我超越意味着个人的努力可以对其自己的发展和学习产生影响，这种精神的修炼可以使员工在内在动力的牵引下积极主动地去追求知识，与他人进行交流与沟通，实现自我超越。组织可以通过发放岗位说明书、职业分析、工作分析等，帮助员工认清岗位要求，使员工认清个人能力差距，并通过员工个人发展计划的制订，把组织发展与员工个人发展结合起来，使员工不断超越自己，在工作中找到个人生存价值，提高思想水平，在精神上减少由于知识共享利益分配不均产生的风险。

心智模式是存在于人们内心看待外界的一种假设、成见和习惯的思维方式。心智模式指导人们的日常行为，故每个员工应该知晓它是如何对个人决策产生影响的。心智模式决定了人们是如何看待世界的，并决定了对某种场景或事物做出何种反应。例如组织成员会受到心智模式的影响对知识共享做出一定的反应。如果组织心智模式抵制知识共享，那么这种心智模式就需要改变。

改善心智模式和系统思考可以帮助人们重建一种全新的看问题的方式：从习惯于看环境、看别人，转变到看自己、看自己的内心，看自己真正所需，从而看到存在于内心的智障，寻求克服思维方式缺陷的可能；从看局部转到看全局、看系统，跳出个人设定的以自我为中心的圈子，从组织整体发展来看待问题，以便从内心挖掘自我成长的渴望，自愿主动加强知识交流，为组织发展贡献自己的力量，从而促进组织进步。

西安实践篇

习近平总书记对陕西、对西安高度重视、深情牵挂、亲切关怀。党的十八大以来，多次来陕考察并发表重要讲话、作出重要指示，为陕西和西安的发展掌舵领航、把脉定向，从科学精辟作出"追赶超越"的重要论断，到提出"五个扎实""五项要求""谱写高质量发展新篇章"的重大要求，无不蕴含着对三秦大地和西安人民的殷切期望和巨大鼓舞。这些重要指示既一脉相承、一以贯之，又相互联系、与时俱进，为我们擘画了宏伟蓝图、赋予了时代使命、注入了强大动力、提供了根本遵循。习近平总书记在来陕考察重要讲话中，特别强调"要抓好西安国家中心城市建设，加快西安—咸阳一体化进程，提升对陕西、对西北发展的带动能力"。在关中平原城市群发展规划、新时代推进西部大开发形成新格局的指导意见、黄河流域生态保护和高质量发展规划纲要等多个国家重大战略规划中，先后提出要建设西安国家中心城市，支持西安建设"一带一路"综合试验区、国际门户枢纽城市、黄河流域对外开放门户、国际性综合交通枢纽城市、中欧班列枢纽城市等。省委也要求西安在创新驱动发展、改革开放、生态环境保护、社会治理方面走在前列，更好融入国家战略，当好全省高质量发展重要引擎。因此，我们要牢牢把握西安在全国和全省发展大局中的地位和作用，自觉把西安工作放在全国、全省大局中来审视谋划推进，勇担国家使命、省会责任，不负重托、不辱使命，加快打造区域高质量发展的重要增长极。

市第十四次党代会报告明确提出：西安市第十三次党代会以来，我们坚定不移沿着习近平总书记指引的方向感恩奋进、砥砺前行，在党中央和省委的坚强领导下，全面建成小康社会目标如期完成，国家中心城市建设迈出坚实步伐。但发展不足仍是西安的基本市情。主要表现在：经济总量偏小，工业不大不强，创新潜能释放不够，对外开放不足，生态环境保护任重道远，城市规划建设管理水平有待提高，民生保障水平与人民群众期盼还有差距，反腐败斗争形势依然严峻复杂。我们一定要勇于直面问题，采取有力举措，认真加以解决。今后五年全市的奋斗目标是：牢记习近平总书记殷殷嘱托，踔厉奋发、笃行不怠，倾力打造高水平现代产业体系，加快提升产业核心竞争力，建设产业强市；借力开放赋能，加快培育国际合作和竞争新优势，焕发千年古都的"精气神"；致力贯通融合，加快把资源优势转化为发展优势，建设更高能级的国家中心城市，努力把习近平总书记为我们擘画的宏伟蓝图变成美好现实。

8 西安与9个国家中心城市
关键指标对比分析

国家中心城市是在直辖市和省会城市层级之上出现新的"塔尖"，集中了中国和中国城市在空间、人口、资源和政策上的主要优势。根据中华人民共和国国家发展和改革委员会的定义，国家中心城市是指居于国家战略要津、肩负国家使命、引领区域发展、参与国际竞争、代表国家形象的现代化大都市。在资源环境承载条件和经济发展基础较好的地区规划建设国家中心城市，既是引领全国新型城镇化建设的重要抓手，也是完善对外开放区域布局的重要举措。

2010年2月，住房和城乡建设部发布的《全国城镇体系规划（2010~2020年）》明确提出五大国家中心城市（北京、天津、上海、广州、重庆）的规划和定位，2016年5月至2018年2月，国家发展和改革委员会及住房和城乡建设部先后发函支持成都、武汉、郑州、西安建设国家中心城市（见表8-1）。

当前，在人口规模上，9个国家中心城市的人口总量占全国人口的比例约为11%；在经济总量上，9个国家中心城市的GDP总量占全国GDP总量的比例约为19%；在人均GDP上，9个国家中心城市的人均 GDP 是全国人均水平的约 1.9 倍；在 GDP 增速上，9 个国家中心城市的 GDP 增长速度约为全国平均增速的 1.26 倍；在城镇化率上，9 个国家中心城市的平均城镇化率约为 80%，是全国平均水平的 1.4 倍。

表 8-1　9 个国家中心城市及其定位

城市	定位
北京	首都，全国政治中心、文化中心、国际交往中心、科技创新中心
天津	直辖市之一，环渤海地区的经济中心
上海	直辖市之一，国际经济、金融、贸易、航运、科技创新中心
广州	广东省省会，国家历史文化名城，全国重要的中心城市、国际商贸中心和综合交通枢纽
重庆	直辖市之一，全国重要的中心城市之一，国家历史文化名城，长江上游地区经济中心，国家重要的现代制造业基地，西南地区综合交通枢纽
成都	四川省省会，国家历史文化名城，国家重要的高新技术产业基地、商贸物流中心和综合交通枢纽
武汉	湖北省省会，国家历史文化名城，中国中部地区的中心城市，全国重要的工业基地、科教基地和综合交通枢纽
郑州	河南省省会，国家历史文化名城，中国中部地区重要的中心城市，国家重要的综合交通枢纽
西安	陕西省省会，国家历史文化名城，中国西部地区重要的中心城市，国家重要的科研、教育和工业基地

　　我们选取了 GDP、人均 GDP、人均可支配收入（见表 8-2）、建成区面积、常住人口（见表 8-3）、地方一般公共预算收入、社会消费品零售总额、进出口总额（见表 8-4）、地铁运营总里程、211 院校数量、三甲医院数量（见表 8-5）等指标，对 9 个国家中心城市相关核心数据进行对比分析，西安总分排名在 9 个国家中心城市中排在最后一位，经济体量、社会消费品零售总额、地方一般公共预算收入排名均靠后，211 院校数量、三甲医院数量排名靠前。

表 8-2 9 个国家中心城市核心数据对比（一）

城市	2020 年GDP(亿元)	得分	2010~2020 年均增长率（%）	得分	人均 GDP（万元）	得分	人均可支配收入（元）	得分	合计得分
上海	38700	10	8.5	2	15.94	7	69442	10	135
北京	36102	8	9.2	4	16.76	10	67756	8	126
广州	25019	7	8.9	3	16.35	8	60124	7	99
武汉	15616	4	10.9	5	13.93	6	46010	6	74
成都	17716	5	12.3	10	10.68	4	39003	4	72
重庆	25002	6	12.0	8	8.002	1	28920	1	70
天津	14083	3	4.3	1	9.016	2	42404	5	68
郑州	12003	2	11.5	6	11.59	5	35942	3	50
西安	10020	1	11.9	7	9.82	3	34064	2	42

表 8-3 9 个国家中心城市核心数据对比（二）

城市	建成区面积（平方千米）	得分	建成区面积百分比（%）	得分	常住人口万人	得分	净流入万人	得分	人口密度（平方千米）	得分
上海	1237	6	19.5	10	2428	8	978	10	3830	10
北京	1469	8	9.0	5	2154	7	746	8	1312	6
广州	1324	7	17.8	8	1531	4	577	7	2059	8
武汉	812	3	9.5	6	1121	3	215	4	1308	5
成都	949	4	6.6	3	1658	6	158	3	1157	3
重庆	1515	10	1.8	1	3124	10	280	1	379	1
天津	1151	5	9.6	7	1562	5	454	6	1305	4
郑州	581	1	7.8	4	1035	2	248	5	1390	7
西安	701	2	6.5	2	1020	1	15	2	949	2

表 8-4 9 个国家中心城市核心数据对比（三）

城市	地方一般公共预算收入（亿元）	得分	社会消费品零售总额（亿元）	得分	进出口总额（亿元）	得分	建筑业总产值（亿元）	得分
上海	7165	10	13497	10	34046	10	7812	6
北京	5817	8	12270	8	28663	8	11999	10

续表

城市	地方一般公共预算收入（亿元）	得分	社会消费品零售总额（亿元）	得分	进出口总额（亿元）	得分	建筑业总产值（亿元）	得分
广州	1697	5	9980	7	9996	7	5304	4
武汉	1564	4	7450	4	2440	1	10390	8
成都	1483	3	7478	5	5822	5	6502	5
重庆	2135	6	8670	6	5792	4	8223	7
天津	2410	7	5672	3	7346	6	4096	1
郑州	1222	2	5324	2	4130	3	4730	3
西安	702	1	4800	1	3243	2	4514	2

表 8-5　9 个国家中心城市核心数据对比（四）

城市	地铁运营总里程（千米）	得分	211 院校数量	得分	三甲医院数量	得分
上海	749	10	10	8	66	8
北京	698	8	26	10	78	10
广州	506	6	4	4	62	7
武汉	359	4	7	7	36	4
成都	513	7	4	3	29	2
重庆	365	5	2	2	27	1
天津	234	2	4	5	49	6
郑州	206	1	1	1	35	3
西安	241	3	7	6	41	5

中国社科院城市与竞争力研究中心国家中心城市课题组联合《华夏时报》发布了"2020 年国家中心城市指数"报告。报告从政治、金融、科技、交通、贸易、教育、文化、医疗、交通、信息、对外交往10 个维度对我国的 25 个城市进行综合评估，将 25 个城市分为四档：国家中心城市、重要中心城市、潜在中心城市、非国家中心城市。报告显示：西安上榜国家重要文化中心城市（见表 8-6）、国家重要医疗

中心城市（见表8-7）和国家潜在重要教育中心（见表8-8）。

表8-6 9个国家中心城市核心数据对比（五）

文化	城市	2020年排名	2018年排名	上升名次
国家文化中心	北京	1	1	0
国家重要文化中心	上海	2	2	0
	西安	3	9	6
	广州	4	3	−1
	杭州	5	4	−1
	南京	6	8	2
	郑州	7	20	13
	重庆	8	12	4
	深圳	9	7	−2
国家潜在重要文化中心	武汉	10	5	−5
	济南	11	6	−5
	苏州	12	11	−1
	成都	13	14	1
	长沙	14	10	−4
	合肥	15	17	2

表8-7 9个国家中心城市核心数据对比（六）

文化	城市	2020年排名	2018年排名	上升名次
国家医疗中心	北京	1	1	0
国家重要医疗中心	上海	2	2	0
	广州	3	4	1
	西安	4	5	1
	武汉	5	8	3
	南京	6	7	1
	成都	7	3	−4

续表

文化	城市	2020 年排名	2018 年排名	上升名次
	杭州	8	12	4
	天津	9	6	−3
	济南	10	14	4
国家潜在重要 医疗中心	重庆	11	9	−2
	沈阳	12	15	3
	长沙	13	10	−3
	哈尔滨	14	13	−1
	郑州	15	11	−4

表 8-8　9 个国家中心城市核心数据对比（七）

教育	城市	2020 年排名	2018 年排名	上升名次
国家教育中心	北京	1	1	0
国家重要教育中心	上海	2	2	0
	南京	3	6	3
	西安	4	7	3
国家潜在重要 教育中心	武汉	5	4	−1
	广州	6	3	−3
	成都	7	10	3
	长沙	8	8	0

　　习近平总书记在来陕考察重要讲话中，特别强调"要抓好西安国家中心城市建设，加快西安—咸阳一体化进程，提升对陕西、对西北发展的带动能力"。当前，西安自身经济体量偏小，创新潜能释放不够，对外开放动能不足，辐射带动能力不强。未来，我们要将西安的发展放在全国和全省的发展大局中来审视、谋划和推进，加快把资源优势转化为发展优势，建设更高能级的国家中心城市，打造区域高质量发展的重要增长极。

9 制约西安高质量发展的问题与短板

近年来，虽然西安经济高质量发展取得积极进展，但对照习近平总书记提出的要求，对照国家中心城市建设标准，仍然存在一些制约高质量发展的问题与短板。面对问题，我们要自我突破，永不懈怠、勇往直前，着力扬优势补短板，全面提升城市发展能级。

9.1 国家中心城市辐射带动作用有待增强

一是经济体量相对偏小。虽然 2020 年西安市生产总值突破万亿元大关，实现历史性跨越，但对比其他国家中心城市和副省级城市，经济实力相对较弱，相当于成都的 56.56%、深圳的 36.21%、杭州的 62.22%，GDP 及人均 GDP 在 15 个副省级城市中分别排第 10 位和第 12 位，在 9 个国家中心城市均排末位。2021 年西安经济实力（GDP）相当于成都的 53.66%、深圳的 34.86%、杭州的 59.02%，追赶超越任重道远。

二是辐射带动作用不明显。西安市第十四次党代会报告提出："作为省会城市和关中平原城市群的核心城市，城市首位度长期在2.0左右，辐射带动能力还不强，全力抓城市综合能级提升、加快建设国家中心城市是我们的重大使命。"当前，西安对关中平原城市群的资源、空间、人口仍处于"虹吸"阶段，与周边城市的合作联动尚未形成有效平台和协同发展机制，资本、技术等资源配置效率还不够高，国家中心城市辐射带动作用不明显，束缚着西安的产业升级和城市功能置换，限制着西安经济做大做强和城市空间格局的合理化分散。

三是城市板块发展不平衡。老城区功能外移、人口老龄化、核心产业下降等问题凸显，优势资源未能充分利用。开发区示范引领作用发挥不够，同质化严重，开发区与行政区、开发区相互之间在产业布局、招商引资、项目建设、权责界定等重大问题上，缺少常态化的市级统筹和协调机制。县域经济发展不充分、不平衡，"五区两县"（阎良、临潼、长安、高陵、鄠邑、蓝田、周至）土地面积占全市的87.66%，2020年经济总量仅占全市的25%，尤其是蓝田、周至两县经济总量仅占全市的2.8%。

9.2　科技创新的质量与效率有待提升

一是科技创新体制机制改革需进一步深化。科技成果转移转化评价机制还不够完善，科技创新成果就地转化率只有30%左右，科技进步对经济增长的贡献率不到60%。

二是企业研发创新能力还需进一步提高。2019年，西安纳入研发统计的规模以上企业有 3705 家，研发经费支出 213 亿元，其中试验发展经费占 96.8%，研究费用占比低。全市国家高新技术企业数量仅居副省级城市第 8 位，与西安科技人才大市的地位还不相匹配。

三是金融助推科技发展力度有限。2020 年保险贷 7190 万元，占全市科技贷款的 2%，科技贷直贷只有 9.2%。银行和担保机构对小微科技企业贷款的力度有待进一步提升，2020 年贷款额和贷款数量分别只占全市科技贷的 6.4% 和 13.2%。

9.3 产业转型升级仍处于爬坡过坎阶段

一是工业发展亟待加速。2020 年三次产业结构为 3.1∶33.2∶63.7，产业结构不优、二产偏弱的问题比较突出，其中制造业占比 17%，工业增加值仅为 9 个国家中心城市平均水平的 40% 左右。

二是产业配套能力弱。产业链上下游缺链、短链、少链问题较为突出，传统产业转型升级缓慢，新兴产业规模偏小，主导产业配套项目和生产性服务业发展滞后，装备制造业尚未形成区域一体化发展的高效产业链配套体系，与沿海发达城市 60% 以上的配套率相比差距明显，部分关键零部件仍然依赖进口。

三是生产性服务业发展质量不高。传统服务业占比较高，生产性服务业增长慢、占比小。生产性服务业总体偏低端，技术服务、商务服务等高附加值新兴生产性服务业发展相对滞后，整体贡献率不高。

四是文旅产业效益不高。作为文化旅游大市，缺乏对文旅资源的系统化梳理、创新性研究，资源开发的市场化、数字化程度不高，文化旅游资源优势没有转化为经济优势。文化创意产品同质化现象较为突出，尚未形成系列化、品牌化的 IP 集群。

9.4　经济增长内需潜力释放不足

一是消费增长乏力。2020 年，全市社会消费品零售额 4989.33 亿元，同比下降 2.9%，在副省级城市中排第 8 位。受新冠肺炎疫情影响，住宿和餐饮等线下消费营业额仅恢复至正常水平的 68% 和 82% 左右，2020 年，全市城镇居民消费支出 25813.1 元，同比下降 8.3%。

二是投资率过高且结构不够合理。西安市经济增长过度依赖投资拉动的现象始终存在，近年来投资率（固定资产投资/市内生产总值）始终高于 80%，在 15 个副省级城市中位居前列。投资结构不合理，房地产投资占比较高，基础设施投资支撑作用不强，短板领域投资急需加强。

三是招商引资难度加大。重大招商项目投资和落地存在困难。一方面，受新冠肺炎疫情和国际经济波动等多重因素影响，企业投资意愿和能力有所降低。另一方面，受土地规划、城乡规划、耕地补充后备资源匮乏、征收拆迁力度不够等因素制约，一些招商项目土地供应无法满足需求。

9.5 外向型经济发展缺乏多极支撑

一是外向型经济基础仍然薄弱，对外贸易体量不大。缺乏带动能力强的外向型企业，加工贸易产业集聚度不高，服务贸易发展滞后。外商投资规模不大、层次不高。

二是国际开放枢纽功能不强。物流业发展水平不高，大型物流龙头企业引进与培育不足，物流业发展体制机制不活、政策措施偏弱、制度创新不够。中欧班列集结能力需进一步提升，班列覆盖面多集中于中亚、西欧等地区，西亚、南亚等区域不够；省内货运量偏少，省外货源占比高。2020年"长安号"公共班列本省货品仅占30%。

三是国际产能合作障碍性因素较多。西安处于内陆地区，对外交往渠道较窄，受国际贸易人才缺失、综合信息平台建设不完善等因素制约，导致企业"走出去"积极性不高。对"一带一路"沿线国家进行境外投资，由于沿线国国情和经济发展层次不同，市场、政策、民俗、宗教等方面差异较大，各种不确定因素较多，风险较大，企业"走出去"信心不足。

10 谱写西安高质量发展新篇章

2022 年 3 月 13～15 日，中国共产党西安市第十四次代表大会召开。13 日上午，省委常委、市委书记方红卫同志代表中共西安市第十三届委员会向大会作题为《高举伟大旗帜 勇担时代使命 全面加快国家中心城市建设步伐 奋力谱写西安高质量发展新篇章》的报告。该报告指出"发展不足仍是西安的基本市情，主要表现在：经济总量偏小，工业不大不强，创新潜能释放不够，对外开放不足，生态环境保护任重道远，城市规划建设管理水平有待提高，民生保障水平与人民群众期盼还有差距，反腐败斗争形势依然严峻复杂。尤其是疫情防控中暴露出基础工作不扎实、基层工作不落实，城市应急管理、公共卫生体系、社区治理等方面存在诸多薄弱环节，少数干部担当不够、作风不实、能力不足。我们一定要勇于直面问题，采取有力举措，认真加以解决"。

该报告提出今后五年全市的奋斗目标是：牢记习近平总书记殷殷嘱托，踔厉奋发、笃行不怠，倾力打造高水平现代产业体系，加快提升产业核心竞争力，建设产业强市；借力开放赋能，加快培育国际合作和竞争新优势，焕发千年古都的"精气神"；致力贯通融合，加快把资源优势转化为发展优势，建设更高能级的国家中心城市，努力把习近平总书记为我们擘画的宏伟蓝图变成美好现实。具体表现为六个打造：打造高质量发展的西部经济强市；打造新动能强劲的国家创新名城；打造活力迸发的内陆改革开放高地；打造人与自然和谐共生的美丽家园；打造彰显中华文明的世界人文之都；打造共享美好生活的宜居幸福西安。

10.1　以秦创原创新驱动平台为引领
全面塑造高质量发展新优势

创新是我们的最大优势，也是最大潜力。2015 年，习近平总书记来陕考察时强调，陕西是科教大省，创新综合实力雄厚，要把这些资源充分挖掘好、利用好、滋养好，推动科技和经济紧密结合、创新成果和产业发展紧密对接，努力在创新驱动发展方面走在前列。2020年，习近平总书记来陕考察时提出，要围绕产业链部署创新链、围绕创新链布局产业链，促进科技、金融、产业、人才有机结合，不断提高经济发展质量和效益，在创新驱动发展方面迈出更大步伐。陕西拥有高等院校 110 家，双一流高校 8 所，科研院所 1597 家，两院院士 72名，国家重点实验室 26 个，国家工程技术研究中心 7 个，综合科技创新水平指数 68.39%，居全国第 9 位。经过多年的发展，西安当前已形成了以装备制造业为主、行业门类较齐全的工业体系（涵盖 3 大门类、35 个大类、136 个中类、308 个小类），在新能源汽车、增材制造等领域位居国内前列。然而，当前我市创新链、产业链深度融合不够，科技创新成果就地转化率偏低，创新发展潜能尚未有效释放。

西安科技创新成果就地转化率只有 30% 左右（发达国家则可以达

到 60%~70%），科技进步对经济增长的贡献率不到 60%。从西安的研发投入分布看，全社会研发投入强度长期在 5% 以上，位列副省级城市第二，高于全国近 3 个百分点，但研发投入主要集中在高校和科研院所，企业研发投入只占全社会研发投入的 40% 左右，有研发投入的规模以上工业企业只占 30% 左右，企业研发投入不足的问题较为突出。从西安的产业配套能力看，产业配套能力弱，产业链上下游缺链、短链、少链问题较为突出，19 条重点产业链配套尚不健全。例如，汽车产业本地配套率只有 32% 左右、军工企业本地配套率不到 30%，电子信息产业本地配套率只有 9% 左右。西安市十四次党代会报告提出，要"以秦创原创新驱动平台为引领，全面塑造高质量发展新优势"。"秦创原"，3 个字各有深意："秦"是陕西的简称，代表老秦人干事创业的"拧劲儿"；"创"就是要创新、创业、创造、创优；"原"就是要追根溯源进行研究，打造创新驱动高原高地，让创新成果源源不断走向全省、走向全国。秦创原创新驱动平台将围绕加速产业链和创新链深度融合这条主线，以西部科技创新港和西咸新区为总窗口，突出抓好人才和机制两个关键，聚焦立体联动"孵化器"、成果转化"加速器"和两链融合"促进器"三大目标，未来致力于打造市场化、共享式、开放型、综合性科技创新大平台。例如，平台通过分类收集我市高校科研院所等研发端成果，依据企业产业端需求开展靶向资源筛选，通过精准对接合作，可以推进技术供需双方在技术研发早期就开展相互协作，最终形成符合产业需求、更具转化价值的科技成果。

《西安市"十四五"科技创新发展规划》明确"十四五"时期发展目标：秦创原立体联动"孵化器"、成果转化"加速器"和两链融合"促进器"三大功能建设实现跃升，基于西安市场机制的创新链产业链深度融合。《西安市"十四五"科技创新发展规划》提出，要以加速产业链和创新链深度融合为主线，构建"一总两带"建设总格局。"一总两带"即推动西咸新区秦创原"总窗口"建设，突出秦创原科技创新示范带辐射作用，发挥秦创原先进制造业示范带集聚效应。"秦创原科技创新示范带"，将重点支持高新区、长安大学城、航天基地，力促校企联合开展核心技术攻关、构建产业化平台体系，围绕推进双链融合发展，切实解决产业链"痛点"、打通创新链"堵点"，实现科技成果与企业需求高效对接、创新产品与西安市场需求联动互动。"秦创原先进制造示范带"，将面向制造业转型升级加强技术供给，重点支持经开区、阎良区、渭北新城发挥在汽车、高端装备制造、新材料新能源等产业优势，围绕"数字化"勾描布局，助力建设先进制造业。通过秦创原创新驱动平台，一方面，可以统筹全市创新资源开放共享和高效协同，在"卡脖子"技术上努力实现突破，聚焦我市重点产业链薄弱环节、技术瓶颈和发展需求，补齐创新链关键短板，构建完整的产业技术供给体系；聚焦重点产业领域的重大技术需求，强化产业共性技术研发平台建设，集中力量办大事。另一方面，可以通过建设新型研发机构集群，搭建科技成果转化平台，畅通科技成果就地转化通道，推动"政产学研用"深度融合，打通科技成果转化应用的"最后一公里"。

10.2　倾力打造高水平现代化产业体系
加快提升产业核心竞争力

产业是经济高质量发展的根基所在。要把重点放在推动产业转型升级上，构建以先进制造业为主导、战略性新兴产业为引领、现代服务业为支撑、文化旅游业为特色的现代产业体系。根据《西安市现代产业布局规划》，我市提出了"6+5+6+1"的布局体系（见图10-1），其中，"6"指6项支柱产业和6项生产性服务业。支柱产业以制造业为主，兼顾生物医药新材料等行业；生产性服务业则主要指研发创新、金融物流等产业。"5"则指西安市在新兴产业领域的规划布局，主要包括人工智能、5G等高新科技产业。"1"则特指西安市本地的文化旅游发展产业。

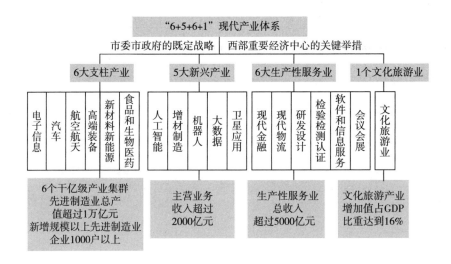

图 10-1 西安现代化产业体系

根据西安市政府 2020 年印发的《西安市现代产业布局规划》来看，西安市在支柱产业领域主要布局行业为电子信息制造、汽车制造、航空航天、高端装备制造、新材料新能源和生物医药。6 大支柱产业空间布局如下：①电子信息制造：高新区发展以构建电子信息制造产业全产业链为主，西咸新区主要集中于电子信息产业硬件产业领域；

经开区则以军工、制造业领域为主；航空基地坚持航空领域电子信息产业发展；航天基地、长安区和高新区联动主要承接龙头企业的产业转移。②汽车制造：高新区发展以形成高新汽车产业为主；西咸新区以新能源汽车和其配套零件生产为主；经开区则以卡车为主；三大行政区生产以汽车零部件供应为主；富阎产业合作园区则以新能源汽车配套为主。③航空航天：阎良区的航空基地以飞机制造和航空发动机制造为主；长安区的航天基地则以北斗导航、动力设计为主；其余各行政区和开发区均以生产航空航天配套设施和零部件为主，为西安市航空航天产业发展提供支撑作用。④高端装备制造：西安市主要专注于电力装备、专用通用装备和轨道交通装备三大领域。西安市高端装备制造产业以阎良区为发展核心区域，发展省内高端装备制造行业。⑤新材料新能源制造：经开区和高新区依靠自身技术积累和技术优势，大力发展新材料和清洁型新能源，航空、航天基地主要依靠于自身在航空航天领域的技术积累，大力发展航空航天领域新材料。⑥食品和生物医药：高新区、西咸新区、国际港务区、新城区、高陵区和鄠邑区依托于区域发展优势和发展资源，布局西安市不同层面生物医药制造产业领域。

西安市第十四次党代会报告明确提出："建设具有西安特色的现代产业体系，全面提升产业核心竞争力。"①支柱产业在"强"上求突破。加快电子信息、汽车、航空航天、高端装备、新材料新能源、食品和生物医药等支柱产业全产业链优化升级，推动19条重点产业链集群发展。②新兴产业在"大"上下功夫。培育壮大人工智能、增材制造、机器人、大数据、卫星应用等五大新兴产业。③生产性服务业在"优"上做文章。推动现代金融、现代物流、研发设计、检验检测认证、软件和信息服务、会议会展等六大生产性服务业向专业化和价值链高端延伸。④文化旅游产业在"深度融合"上提质效。打造传承中华文化的世界级旅游目的地。加快形成"一核两廊八板块"发展格局。推动文旅产业多元融合，大力发展文化制造业。加快建设国家全域旅游示范城市。⑤数字经济在"全面赋能"上见实效。加快数字产业化，发展壮大云计算、区块链、地理信息等数字产业。加快产业数字化，运用数字技术对重点产业进行全方位、全链条改造。

10.3 深度融入共建"一带一路"大格局 打造内陆改革开放高地

2015年3月28日，国家发展改革委、外交部、商务部联合发布《推动共建丝绸之路经济带和21世纪海上丝绸之路的愿景与行动》，提出："推进'一带一路'建设，中国将充分发挥国内各地区比较优势，实行更加积极主动的开放战略，加强东中西互动合作，全面提升开放型经济水平。"西安作为古丝绸之路的起点城市，必须立足区位优势，高标准打造内陆型改革开放新高地。2018年2月2日，国家发展改革委、住房和城乡建设部联合印发《关中平原城市群发展规划》（以下简称《规划》）。《规划》要求加快西安国家中心城市建设步伐，强化面向西北地区的综合服务和对外交往门户功能，提升维护西北繁荣稳定的战略功能，打造西部地区重要的经济中心、对外交往中心、丝路科创中心、丝路文化高地、内陆开放高地、国家综合交通枢纽。2020年4月20~23日，习近平总书记来陕考察时提出：陕西要打造内陆改革开放高地……对陕西而言，开放不足是制约发展的突出短板。要深度融入共建"一带一路"大格局，发挥好自由贸易试验区的先行示范作用，办好丝博会、欧亚经济论坛、杨凌农高会，建设中欧班列（西安）集结中心，加快形成面向中亚南亚西亚国家的通道、商贸物流枢纽、重要产业和人文交流基地，构筑内陆地区效率高、成本低、服务优的国际贸易通道。

2015~2020年，国家层面多次提到陕西西安要打造内陆开放高地（见图10-2），这一重大要求进一步体现了陕西和西安在全国对外开放战略格局中的地位和作用，作为陕西打造内陆改革开放高地的"主战场"，西安理应主动扛起责任，勇敢冲锋在前，充分发挥辐射带动作用，为全省、全国深化改革、扩大开放作出西安的贡献。

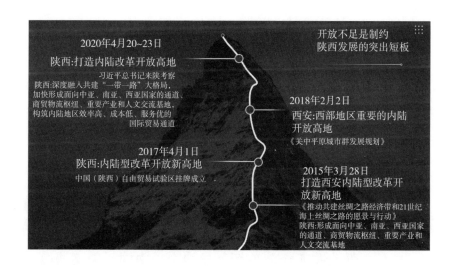

图 10-2　打造内陆改革开放高地

首先，要依托区位优势，搭建面向中亚南亚西亚国家的国际贸易通道。一方面，西安要加快物流基础设施建设，优化物流节点空间布局。通过加强西安空港与公路、铁路网的衔接，建设直达机场的货运专用高速通道，建设新筑铁路综合物流中心、推进空铁联运货物集散中心建设，做强西安陆港型国家物流枢纽建设，完善海铁联运、空铁联运、公铁联运。另一方面，西安要以陕西自贸试验区建设为契机，推动服务贸易自由化和货物贸易便利化。要加强西安港与沿边口岸、沿海港口的合作，建设国际贸易"单一窗口"，全面推进"一站式作业"。在此基础上，要持续深化"放管服"改革，提升政务服务水平，坚持政务服务"一门、一次、一网"要求，打造审批项目最少、收费标准最低、办事效率最高、服务质量最优的营商环境。

其次，要依托资源优势，打造面向中亚南亚西亚国家的重要产业和人文交流平台。在产业合作方面，一是要加快欧亚经济综合园区核心区、中俄丝绸之路创新园、西安丝路国际会展中心等合作平台建设。二是要培育一批本土的领军企业，支持有能力的企业"走出去"，拓展"海外西安"发展空间。三是要用好西安的物流中心、保税区、出口加工区、高新综合保税区等开放平台，一方面要增强西安对国际高端资源要素的吸附力和整合力，大力发展"三个经济"；另一方面要积极主动参与国际分工、开展国际产能合作，主动适应全球供应链、产业链和价值链的调整。在人文交流方面，西安作为有国际影响力的城市，一是要加快欧亚文化博物馆群等项目建设，办好丝绸之路国际电影节、丝绸之路国际艺术节等系列文化交流活动，打造丝路文化交流品牌。二是要强化欧亚经济论坛、丝博会、中国西部文博会、丝绸之路经济带城市合作圆桌会、世界西商大会等载体功能和影响力，全方位、深层次推进国际国内交流交往。三是要与丝路沿线重要节点城市在文化交流、遗产保护、文艺创作等领域建立长效合作机制，弘扬汉唐文化，彰显西安城市精神。

最后，要依托优势产业，更加主动融入"一带一路"大格局，全球范围部署创新链，围绕创新链调整布局产业链，打造产业链、创新链螺旋式上升的国际创新合作新模式。习近平总书记强调："要围绕产业链部署创新链、围绕创新链布局产业链，推动经济高质量发展迈出更大步伐。"当前，我们应紧抓共建"一带一路"大格局、西部大开发、建设国家中心城市等重大机遇，发挥西安在电子信息、汽车、航空航天、高端装备、新材料新能源、生物医药等方面的优势，围绕产业链部署创新链，围绕创新链布局产业链。此外，还要依托国家自主创新示范区、全面创新改革试验区等创新平台，依托中国西部创新港、国家工程研究中心等产业化平台，以重点产业建设为抓手，与"一带一路"沿线国家开展优势产业关键领域的创新合作，着力突破西安优势产业关键领域的产业链缺失环节、薄弱环节、延伸环节等的技术瓶颈，推进西安优势产业关键领域的技术研发和先进技术成果转化应用，加速西安制造业迈向全球价值链中高端。

2020年习近平总书记来陕考察时提出要"建设中欧班列（西安）集结中心"。2021年，中欧班列（西安）全年开行达到3841列，占全国中欧班列开行总量的1/4，累计开行突破11300列，从西安国际港站始发的中欧班列（西安）国际线路基本实现中亚、南亚、西亚及欧洲地区主要货源地全覆盖。中欧班列（西安）的开行量、重箱率、货运量等核心指标稳居全国前列，初步构建了内陆地区效率高、成本低、服务优的国际贸易通道。当前已开通西安—伊斯兰堡、西安—加德满都南亚班列，填补了陕西西安与南亚国家国际货运班列的历史空白，进一步完善了中欧班列长安号的货运网络布局。未来我们要充分发挥西安的区位优势和西安港的开放平台优势，通过公路、铁路、航空等多种运输方式，将"一带一路"沿线国家、地区及国内的进出口货物在西安集散、分拨、加工，引领中欧班列的高质量、市场化、可持续的常态化开行，带动贸易、物流、资金、信息、人文等要素在西安聚集，以物流带动贸易、以贸易带动产业、以产业推动创新，加快形成服务"一带一路"国家的物流、贸易、生产加工中心和人文交流基地。

10.4 有效疏解中心城市功能
推动西安都市圈一体化发展

2019 年国家发展改革委印发《关于培育发展现代化都市圈的指导意见》，明确提出培育发展一批现代化都市圈，形成区域竞争新优势，为城市群高质量发展、经济转型升级提供重要支撑。西安都市圈发展规划是继南京、福州、成都、长株潭都市圈发展规划之后全国第五个（见表 10-1），也是西北地区首个被国家发展改革委批复同意的都市圈发展规划。

表 10-1　全国 5 个都市圈数据概览

获批时间	都市圈	城市	总面积（万平方千米）	人口（万人）	GDP（亿元）	人均 GDP（万元）
2021 年 2 月	南京都市圈	南京、镇江、扬州、淮安、马鞍山、滁州、芜湖、宣城 8 市全域及常州的溧阳、金坛	6.60	3500（2019 年）	41700（2020 年）	11.9
2021 年 6 月	福州都市圈	福州、莆田两市全域、宁德市蕉城区、福安市、霞浦县和古田县、南平市和建瓯市部分地区、平潭综合实验区	2.60	1300（2020 年）	15000（2020 年）	11.5
2021 年 11 月	成都都市圈	成都、德阳、眉山、资阳全域	3.31	2996（2020 年）	22352（2020 年）	7.5

续表

获批时间	都市圈	城市	总面积（万平方千米）	人口（万人）	GDP（亿元）	人均GDP（万元）
2022年2月	长株潭都市圈	长沙全域、株洲市中心城区及醴陵市、湘潭市中心城区及韶山市和湘潭县	1.89	1484（2021年）	17900（2021年）	12.1
2022年3月	西安都市圈	西安市全域（含西咸新区）、咸阳市、铜川市、渭南市部分区县和杨凌农业高新技术产业示范区	2.06	1802（2020年）	13000（2020年）	7.2

目前，《西安都市圈发展规划》（以下简称《规划》）全文已经正式公布，西安都市圈的未来全貌也已全面呈现出来。《规划》提出，到2025年，西安辐射带动能力进一步提升，西安—咸阳一体化发展取得实质性进展，圈内城镇发展水平和承载能力明显提升，城市间同城化协调发展机制更加健全，大中小城市和小城镇发展更加协调。到2035年，现代化的西安都市圈基本建成，圈内同城化、全域一体化基本实现，发展品质、经济实力、创新能力、文化竞争力迈上更高水平，全面建成具有全国影响力和历史文化魅力的现代化都市圈。

西安都市圈范围包括西安市全域（含西咸新区），咸阳市秦都区、渭城区、兴平市、三原县、泾阳县、礼泉县、乾县、武功县，铜川市耀州区，渭南市临渭区、华州区、富平县，以及杨凌农业高新技术产业示范区，面积2.06万平方千米，2020年底常住人口1802万人。2020年西安都市圈地区生产总值达到1.3万亿元，接近陕西省的1/2、西北五省的1/4，综合实力、发展活力和竞争力日益增强。同时，西安都市圈作为西北地区经济中心、文化中心和科技中心，创新平台、科教资源密集，研发经费投入强度持续保持在3.9%左右，居全国前列，国家重大科技基础设施、国家重点实验室等高能级创新平台数量居中西部前列。

西安都市圈当前还处在培育发展阶段，中心城市对周边城市的辐射带动作用还不够，甚至"虹吸效应"还很明显，一体化发展水平还比较低。主要体现在以下三个方面：①都市圈内城市间缺乏有效的政策联动和规划统筹机制，各自为政的现象还比较突出；②统一开放的市场体系尚未形成，城市间产业发展更多的是同质竞争而非分工协作，不利于构建跨区域的创新生态和产业集群；③都市圈内部轨道交通建设还不完善，快速便捷的网状交通体系尚未形成。

未来，我们要充分发挥西安辐射带动周边城镇联动发展作用，通过省市联动、部门协同，加快西安—咸阳一体化发展，积极推动都市圈内基础设施互联互通、产业分工协同协作、公共服务共建共享、生态环境共保共治，建立健全同城化协调发展机制和成本共担利益共享机制，培育建设现代化西安都市圈。这一过程，一方面可以显著提升西安国家中心城市发展能级；另一方面可以带动全域协同发展，提升西安对关中平原城市群的支撑能力，更好地助推新时代推进西部大开发形成新格局，更好地服务黄河流域生态保护和高质量发展，更好地融入共建"一带一路"。就西安都市圈的一体化发展而言，主要包括空间一体化、公共服务一体化、生产要素一体化和产业一体化。

（1）空间一体化。只有当地区间的联系成本足够低时，才能在真正意义上实现都市圈以及城市群的一体化发展。从国家发展改革委发布的《关于培育发展现代化都市圈的指导意见》对"都市圈"的定义（都市圈：城市群内部以超大城市、特大城市或辐射带动功能强的大城市为中心、以1小时通勤圈为基本范围的城镇化空间形态）也可以看出空间一体化对整个都市圈一体化发展的重要性。

（2）公共服务一体化。推进都市圈内基本公共服务设施均等化发展，是都市圈各县市融入中心城市的产业分工体系，吸引更多企业和劳动力人口落户的基础和保障。特别是要让教育、医疗两大关键民生保障资源在都市圈内可以自由流动，最大限度实现均等化。一方面，重点公共服务资源如医疗卫生机构、教育机构从中心城市向周边地区有序疏解，有利于中心城区人口导出。另一方面，都市圈内中小县市也可以通过与中心城市优质教育机构合作办学、承接分校建设，推动跨区域医疗联合体、联盟医院、远程医疗设施建设，检验检查结果跨城市、跨地区互认等措施，提升居民基本生活品质，吸纳更多常住人口。

（3）生产要素一体化。未来社会公共福利更完善的地区，将具有更强的人才吸引力，从而反哺本地产业发展。要进一步放开放松落户政策，加速基本公共服务与户籍脱钩，关注常住城镇非户籍人口的权益保障问题，扩大居住证适用范围，推动持居住证外来人口在就业、医保、义务教育、购房等基本公共服务保障方面享有与户籍人口接近的权益，给"新市民"提供充分的社会保障。同时要进一步加大对人口流入地的基本公共服务用地、住房用地、资金投入等方面的政策倾斜。

（4）产业一体化。通过产业协作可以解决西安都市圈工业规模短板。西安市《"十四五"产业发展规划》明确提出，加快西安都市圈产业一体化布局，提升西安产业辐射和总部经济发展能级，支持区域间以"飞地园区""合作共建"等模式开展合作，引导中心城区"退二进三"，推动一般制造业向都市圈梯度转移，构建梯次配套、优势互补的现代化产业生态圈。西安作为中心城市，应着力发展先进制造业、高技术产业、现代服务业，包括现代金融、研发设计、现代物流、软件和信息服务、检验检测认证、会议会展等。同时，中心城区一般性制造业、区域专业市场、物流运输基地则可以逐步转移至都市圈内其他县市。

都市圈是一种以区域分工和专业化发展为基础，通过各城市间产业链条的纽带作用，围绕经济最发达的核心经济空间，形成的资源共享、优化组合、协同发展的城市间群域网络结构，对区域经济布局与发展十分关键。通过建立健全都市圈一体化发展协调机制、成本共担和利益共享机制，可以深化要素市场化配置改革，打破行政壁垒，破除行业垄断，打通市场阻隔，推动形成创新链、产业链、供应链的跨区域协同发展。具体来说，一方面，可以促进中心城市与周边中小城市高效分工，降低因资源人口等过度集聚给中心城市带来的负面效应，增强中心城市对周边高端资源要素的吸引力，强化中心城市的技术创新和产业升级功能，加快在关键核心技术领域实现突破发展。另一方面，都市圈内密切的分工协作，也意味着城市间产业功能分工的深化，随着大城市服务和高附加值制造功能的进一步加强，周边中小城市的专业化制造功能也会相应得到提升，都市圈作为城市群高质量发展的战略支撑地位也将进一步凸显。未来，要实现都市圈的产业一体化发展。

首先，应打破体制和机制障碍，通过对相关主体的利益协调形成多赢局面。《规划》明确，发挥西安国家中心城市辐射作用，更好带动周边城镇联动发展，加快西安—咸阳一体化，积极推动基础设施互联互通、产业分工协同协作、公共服务共建共享、生态环境共保共治、建立健全同城化协调发展机制和成本共担利益共享机制，加快建设具有全国影响力和历史文化魅力的现代化都市圈。因此，西安作为都市圈的中心城市，要跟周边城市在要素流动上形成统一市场，在基础设施建设与城市服务方面开展统一规划，打破商品市场流通边界，发挥市场在整个都市圈资源配置中的决定性作用，以此实现核心城市的辐射带动和区域的协同发展。周边中小城市在融入西安都市圈的发展过程中，应该根据自身的资源禀赋和比较优势，重新进行城市的目标定位，明晰自身产业发展方向，坚持优势互补、错位发展，形成各具特色、布局合理的产业协作体系，避免出现规划雷同、重复建设、盲目竞争、定位不清等问题。

其次，构建高效的产业分工协作体系是关键。西安都市圈在产业分工协作方面，要统筹产业布局，共建多层次产业创新平台，加快形成以先进制造业为基础、高端服务业为重点、现代都市农业为特色的都市圈现代产业体系。具体来讲，就是要充分发挥西安的辐射带动作用，以及咸阳、渭南、铜川、杨凌等城市的比较优势，加快编制西安都市圈产业发展地图，制定区域产业布局指南，搭建区域协同创新和产业协作平台，以西安都市圈为发展核心，统筹整合区域内产业布局与功能分工，形成围绕西安逐步向外辐射的功能圈层，加快促进都市圈产业一体化发展。西安要重点关注综合服务、产业辐射和总部经济发展能级的提升，加快推动一般制造业向周边城市进行梯度转移，形成梯次配套、优势互补的现代化产业生态圈。有两个问题需要重点关注：一是要积极探索建立开发区与远郊区县对口合作共建、联动开发机制，实现远郊区县土地资源空间优势与开发区招商、资金及管理优势深度融合，推动产业转型升级，确保双方互补共赢、错位发展、共同提升；二是周边中小城市在融入西安都市圈的发展过程中，可以顺应中心城市的产业升级，并根据自身的资源禀赋和比较优势，选择具有城市特色且符合比较优势的产业发展战略，最终形成各具特色、布局合理、协同高效的产业分工网络体系。

以都市圈为基础所形成的中心城市与外围地区之间的高效产业分工网络体系，可以实现规模经济与多样化发展，有利于打破原先的行政区划限制，整体推进地区经济发展，为都市圈的高质量发展奠定经济基础。当前，西安都市圈正在通过基础设施、公共福利设施一体化发展，促进生产资料、要素自由流通等一系列措施，加深区域内各县市产业、价值链不同环节分工协作以降低成本，提升生产效率，以便形成区域内更大规模产业集群，从而突破西安都市圈制造业规模瓶颈，塑造城市发展新动能。总之，未来要以西安都市圈为发展核心，统筹整合区域产业布局与功能分工，形成围绕西安逐步向外辐射的功能圈层，实现功能与产业协调发展。同时，西安都市圈的培育不但要关注自身能级提升，还要注重增强对关中平原城市群的支撑能力，更好地助推新时代推进西部大开发形成新格局，更好地服务黄河流域生态保护和高质量发展，更好地融入共建"一带一路"大格局，为加快打造内陆改革开放高地提供有力支撑。

结语　世界好，中国才能好
中国好，世界才更好

2020 年 11 月 12 日，习近平总书记在浦东开发开放 30 周年庆祝大会上提出，"科学技术从来没有像今天这样深刻影响着国家前途命运，从来没有像今天这样深刻影响着人民幸福安康。我国经济社会发展比过去任何时候都更加需要科学技术解决方案，更加需要增强创新这个第一动力"。党的二十大报告明确提出："从现在起，中国共产党的中心任务就是团结带领全国各族人民全面建成社会主义现代化强国、实现第二个百年奋斗目标，以中国式现代化全面推进中华民族伟大复兴。"要实现中华民族伟大复兴的中国梦，必须具有强大的科技实力和创新能力，为全面建设社会主义现代化国家提供战略支撑。当今，新一轮科技革命和产业变革正在重构全球创新版图、重塑全球经济结构，世界正经历百年未有之大变局，科技创新是其中一个关键变量。随着国际科技博弈日趋激烈，世界主要创新大国纷纷加大前沿科技布局，积极抢占全球科技竞争制高点。当前历史和现实都表明，只有矢志不移坚持自主创新，才能在危机中育先机，于变局中开新局。只有确保关键核心技术自主可控，才能把创新主动权、发展主动权牢牢掌握在自己手中。

习近平总书记强调："要紧紧扭住技术创新这个战略基点，掌握更多关键核心技术，抢占行业发展制高点。""核心技术、关键技术，化缘是化不来的，要靠自己拼搏。""要抓住时机，瞄准世界科技前沿，全面提升自主创新能力，力争在基础科技领域作出大的创新、在关键核心技术领域取得大的突破。"关键核心技术对推动我国经济高质量发展、保障国家安全具有十分重要的意义，科技自立自强是我们抓住重大战略机遇、应对风险挑战的必然选择。未来，我们要坚持把科技自立自强作为国家发展的战略支撑，真正掌握竞争和发展的主动权。一方面，要加大关键核心技术的科研攻关，抢占全球技术创新的制高点，从根本上解决被人"卡脖子"的问题。紧密围绕产业链、供应链的关键环节、关键领域、关键产品开展补短板、锻长板计划。另一方面，要加快推动我国产业链向全球价值链高端延伸，主动在全球布局研发设计、品牌营销、售后服务等价值链高端环节。

习近平总书记强调，"我们要更加主动地融入全球创新网络，在开放合作中提升自身科技创新能力"。要"深度参与全球科技治理，贡献中国智慧，着力推动构建人类命运共同体"。"当前，世界百年未有之大变局加速演进，新冠肺炎疫情影响广泛深远，世界经济复苏面临严峻挑战，世界各国更加需要加强科技开放合作，通过科技创新共同探索解决重要全球性问题的途径和方法，共同应对时代挑战，共同促进人类和平与发展的崇高事业。"改革开放40多年来，中国既是全球科技开放合作的参与者、受益者，也是贡献者、推动者，中国的科技发展越来越离不开世界，世界的科技进步也越来越需要中国。针对未来人类所需要共同面对的气候变化、粮食安全、能源安全、人类健康等重要的全球性问题的挑战，任何一个国家都不可能孤立依靠自己的力量解决所有难题，我们要更加积极主动融入全球科技创新网络，全方位加强国际科技创新合作，深度参与全球科技治理，在应对全球性挑战中贡献更多"中国智慧"。

参考文献

［1］习近平谈治国理政（第一卷）［M］．北京：外文出版社，2018.

［2］习近平谈治国理政（第二卷）［M］．北京：外文出版社，2017.

［3］习近平谈治国理政（第三卷）［M］．北京：外文出版社，2020.

［4］习近平谈治国理政（第四卷）［M］．北京：外文出版社，2022.

［5］刘阳，冯阔，俞峰．新发展格局下中国产业链高质量发展面临的困境及对策［J］．国际贸易，2022（9）：20-29+40.

［6］徐政，姬晨阳，赵子衡，林朝阳．"三重压力"下的经济发展：表现、根源与路径［J］．华东经济管理，2022（10）：1-8.

［7］段博俊．数字经济赋能齐齐哈尔市产业链供应链的路径探索［J］．数字技术与应用，2022，40（10）：36-38.

［8］左更，崔楠楠，李晓杰，闻少博，郑宏军．我国优势金属矿产行业问题分析与保供建议——以钨、锑、稀土为例［J］．中国国土

资源经济，2022，35（10）：11-17+38.

　　［9］张斌．关于当前全球大宗商品储备调整的新变化及其潜在影响研究［J］．价格理论与实践，2022（10）：47-51+187.

　　［10］陈赟．我国工业自动化行业产业链技术水平和差距分析及发展对策［J］．科学发展，2022（10）：30-36.

　　［11］黄瑶，李佳．农业产业创新链构建：实质、依托与模式［J］．经济纵横，2022（10）：89-95.

　　［12］丁悦，王惠桐．高度重视新发展格局下在华外企的三点关切［J］．中国工业和信息化，2022（10）：79-82.

　　［13］台吉凯，张朝宗，任雁．产业链创新要素可视化分析系统设计［J］．现代电子技术，2022，45（20）：145-148.

　　［14］金观平．促进产业在国内有序转移［N］．经济日报，2022-10-07（001）.

　　［15］李洁，张哲浩．陕西：深化开放创新　共谋高质量发展［N］．光明日报，2022-10-06（001）.

　　［16］金壮龙．新时代工业和信息化发展取得历史性成就［N］．学习时报，2022-10-03（001）.

　　［17］王宇辉，张妍．基于产业链全球化布局的企业品牌国际化模式构建［J］．冶金管理，2022（18）：41-44.

　　［18］保产业链供应链需做好"三个结合"［N］．辽宁日报，2022-09-27（008）.

　　［19］李丽娜．强化金融赋能　构筑产融结合新格局［J］．管理会计研究，2022（5）：6-11.

　　［20］苏幸．新能源汽车产业链的环境污染与治理［J］．中国资源综合利用，2022，40（9）：124-126.

［21］本报评论员．以优质的产业链供应链提升发展效能［N］．中国铁道建筑报，2022-09-23（001）．

［22］郝伟伟，李玥儒．借力数字化加速提升我国产业链供应链竞争力［J］．中国工业和信息化，2022（9）：12-16．

［23］徐建伟．全球产业链分工格局新变化及对我国的影响［J］．宏观经济管理，2022（6）：22-29．

［24］陈套．企业成为创新主体的逻辑发凡和实践路径［J］．科学管理研究，2022，40（2）：88-95．

［25］王娟娟．RCEP与我国双循环新发展格局下的产业链优化［J］．中国流通经济，2022，36（4）：3-18．

［26］林忠钦，奚立峰，夏唐斌，赵亦希，潘尔顺，李艳婷．我国优质制造技术体系建设研究［J］．中国工程科学，2022，24（2）：1-9．

［27］陈惠中，赵景峰．产业链对贸易附加值的影响：理论机制与实证研究［J］．中国软科学，2022（3）：36-46．

［28］杨蔚民．商贸物流产业"链长制"的制度设计、实施路径与风险防范［J］．商业经济研究，2022（6）：126-128．

［29］赵景瑞，孙慧，郝晓．国内产业链技术进步与行业内贸易产品质量差异［J］．国际商务（对外经济贸易大学学报），2022（2）：33-49．

［30］戴丽君，伽红凯．供应链金融赋能农村电子商务发展研究［J］．农业经济，2022（3）：127-129．

［31］王梅婷．后疫情时代全球贸易格局新变化与中国政策应对［J］．价格月刊，2022（5）：34-41．

［32］沈立，倪鹏飞．全球产业链演变趋势下中国城市发展格局的未来走向及政策建议［J］．经济纵横，2022（2）：60-68．

［33］洪银兴，李文辉．基于新发展格局的产业链现代化［J］．马克思主义与现实，2022（1）：119-125+204.

［34］白玫．韩国产业链供应链政策变化及其影响研究［J］．价格理论与实践，2022（1）：54-60+106.

［35］宋华，杨雨东．中国产业链供应链现代化的内涵与发展路径探析［J］．中国人民大学学报，2022，36（1）：120-134.

［36］张志鑫，闫世玲．双循环新发展格局与中国企业技术创新［J］．西南大学学报（社会科学版），2022，48（1）：113-122.

［37］龙瑜清，汤晓军．双循环下我国高技术产业链发展影响因素及应对思路［J］．国际贸易，2021（12）：50-59.

［38］程娜．"双循环"新发展格局下中国对外贸易战略转型：演进逻辑、动因及路径［J］．福建论坛（人文社会科学版），2021（12）：63-76.

［39］赵家章，丁国宁．"双循环"新发展格局下中国高新技术产品贸易困境与策略选择［J］．国际贸易，2021（11）：31-43.

［40］东方．新发展格局下智慧物流产业发展关键问题及对策建议［J］．经济纵横，2021（10）：77-84.

［41］赵景瑞，孙慧，郝晓．产业链内嵌国内技术进步与企业出口国内附加值率提升——基于中国工业企业数据的实证分析［J］．西部论坛，2021，31（4）：1-17.

［42］杨梦洁．数字经济驱动城乡产业链深度融合的现状、机制与策略研究［J］．中州学刊，2021（9）：28-34.

［43］罗雄艳．核心企业开展供应链金融业务探析［J］．财务与会计，2021（12）：70-71.

［44］朱晓乐，黄汉权．全球供应链的演变及其对中国产业发展的

影响［J］．改革，2021（4）：60-67.

［45］王静．制造业与物流业联动推进产业链治理能力现代化［J］．郑州大学学报（哲学社会科学版），2021，54（2）：62-68+127.

［46］王兴棠．产业链下游企业转型升级影响因素研究——基于不同最终产品市场的视角［J］．中国管理科学，2021，29（3）：71-79.

［47］刘瑞．"双循环"新发展格局构想与企业应对之道［J］．企业经济，2020，39（12）：2+5-13.

［48］陈帅男．贸易摩擦背景下我国外向型企业面临的困境与应对策略［J］．对外经贸实务，2020（7）：25-28.

［49］马小丽．基于产业链视角的流通业效率评价与路径优化［J］．商业经济研究，2020（13）：15-17.

［50］武汉大学稳经济保就业课题组．疫情冲击下保企业稳产业促就业的思考与建议［J］．中国人口科学，2020（3）：2-10+126.

［51］裴长洪，刘洪愧．中国外贸高质量发展：基于习近平百年大变局重要论断的思考［J］．经济研究，2020，55（5）：4-20.

［52］何明珂．供应链管理的兴起：新动能、新特征与新学科［J］．北京工商大学学报（社会科学版），2020，35（3）：1-12.

［53］马朝良．产业链现代化下的企业协同创新研究［J］．技术经济，2019，38（12）：42-50.

［54］张茉楠．贸易摩擦冲击全球"三链"［J］．中国金融，2019（14）：70-72.

［55］潘泽清．贸易摩擦下的产业链外移［J］．中国金融，2019（12）：27-28.

［56］高照军，张宏如．企业成长与创新视角下的产业链升级研究［J］．科研管理，2019，40（5）：24-34.

［57］廖喜生，李扬荻，李彦章．基于产业链整合理论的智慧养老产业优化路径研究［J］．中国软科学，2019（4）：50-56.

［58］张慧，张军．全球价值链背景下电商平台产业链纵深发展研究［J］．商业经济研究，2019（7）：67-69.

［59］王义桅．中美贸易战的美方逻辑、本质及中方应对［J］．新疆师范大学学报（哲学社会科学版），2019，40（1）：2+72-80.

［60］江曼琦，梅林．产业"链"簇关系辨析与协同发展策略研究［J］．河北经贸大学学报，2018，39（1）：73-82.

［61］赵惠．互联网+供应链金融与传统供应链金融比较研究［J］．现代管理科学，2017（12）：79-81.

［62］吴菲菲，栾静静，黄鲁成，李欣．产业技术链视角下研发合作伙伴识别研究［J］．科技进步与对策，2018，35（1）：73-79.

［63］孙妍．基于产业链投入产出表的邮轮经济产业关联度测算［J］．统计与决策，2017（19）：5-10.

［64］何立峰．发展战略性新兴产业　加快培育壮大新动能［J］．宏观经济管理，2017（8）：4-6+10.

［65］张中华，刘爽．中国制造业投资效率测度——基于产业转型视角［J］．中南财经政法大学学报，2017（4）：12-19.

［66］杨玲．破解困扰"中国制造"升级的"生产性服务业发展悖论"的经验研究［J］．数量经济技术经济研究，2017，34（7）：73-91.

［67］杜长征．产业链在企业获取竞争优势中的作用［J］．企业管理，2017（4）：113-115.

［68］曹允春，王曼曼．基于产业链视角的跨境电子商务与物流业协同发展研究［J］．价格月刊，2017（2）：66-70.

［69］曹淼孙．新常态下我国商贸流通业产业链优化策略研究

［J］．商业经济研究，2017（1）：19-21．

　　［70］杨惠玲．基于价值链导向的会展旅游产业链提升研究［J］．商业经济研究，2016（23）：194-195．

　　［71］吕静韦，金浩．基于产业链创新的战略性新兴产业发展策略研究［J］．河北学刊，2016，36（5）：217-221．

　　［72］范云翠，郝刚．基于产业链视角的科技型小微企业生态位模型研究［J］．企业经济，2016，35（2）：70-74．

　　［73］赵琪，沈王仙子．基于产业协同和制度演进的服务业竞争力提升策略思考［J］．商业经济研究，2015（32）：120-121．

　　［74］王明辉．基于产业链的纵向协同创新模式研究［J］．现代管理科学，2015（8）：57-59．

　　［75］尹洪涛．生产性服务业与制造业融合的主要价值增值点［J］．管理学报，2015，12（8）：1204-1209．

　　［76］田洪刚，杨蕙馨．产业链环节重塑架构下平台问题研究［J］．上海经济研究，2015（6）：61-69．

　　［77］佟明亮．基于产业链整合的产业园区生产性服务业发展研究［J］．学习与探索，2015（3）：114-117．

　　［78］柳卸林，孙海鹰，马雪梅．基于创新生态观的科技管理模式［J］．科学学与科学技术管理，2015，36（1）：18-27．

　　［79］赵楠．高新技术产业对区域经济的作用分析［J］．经济研究参考，2014（41）：50-52．

　　［80］袁欣，张辰利．加工贸易的本质——从产业链和生产要素的分析视角［J］．国际经贸探索，2014，30（6）：101-112．

　　［81］范必．全产业链市场化改革初探［J］．中国行政管理，2014（6）：34-36．

［82］单虎，张治栋，贺晓宇．产业链创新与集群经济发展研究［J］．科技管理研究，2013，33（19）：155-157+161.

［83］上创利，赵德海，仲深．基于产业链整合视角的流通产业发展方式转变研究［J］．中国软科学，2013（3）：175-183.

［84］王羽涵．全球价值链视角下的企业、产业链与市场构造［J］．山西财经大学学报，2012，34（S5）：15.

［85］王子先．加工贸易：产业链与价值链视角的国际比较［J］．开放导报，2012（6）：7-13.

［86］潘华，孙林夫，刘述雅．面向制造业产业链的集成体系框架研究［J］．计算机应用研究，2013，30（2）：447-449.

［87］邢超．创新链与产业链结合的有效组织方式——以大科学工程为例［J］．科学学与科学技术管理，2012，33（10）：116-120.

［88］王育宝，陈萌．战略性新兴产业培育发展的国际经验及借鉴［J］．情报杂志，2012，31（9）：73-80.

［89］刘志迎，李芹芹．产业链上下游链合创新联盟的博弈分析［J］．科学学与科学技术管理，2012，33（6）：36-41.

［90］刘志彪．战略性新兴产业的高端化：基于"链"的经济分析［J］．产业经济研究，2012（3）：9-17.

［91］刘明宇，芮明杰．价值网络重构、分工演进与产业结构优化［J］．中国工业经济，2012（5）：148-160.

［92］邓光君．基于产业链分析的资源再生产业发展模式研究［J］．湖北社会科学，2012（5）：73-76.

［93］李丹凤．价值链视角下产业链整合实例分析［J］．商业时代，2011（30）：116-117.

［94］谢锐，赖明勇，刘冠宇，王腊芳．基于产业链视角的中国钢

铁产业国际竞争力研究［J］．湖南大学学报（自然科学版），2011，38（8）：82-87．

［95］尚会永．企业成长的理论分析框架比较［J］．当代经济研究，2011（5）：24-29．

［96］程李梅，王哲．产业链内核心企业价值评价研究［J］．中国科技论坛，2011（4）：67-73．

［97］杨水根．产业链、产业集群与产业集群竞争力内在机理探讨——以湖南省工程机械产业集群为例［J］．改革与战略，2011，27（3）：153-156．

［98］沈群红．国际研发合作对我国的影响［J］．国际经济合作（北京），1999（11）：20-22．

［99］周珺，徐寅峰．企业间合作研发的发展趋势与动机分析［J］．重庆大学学报（社会科学版），2002（5）：27-29．

［100］汤建影，黄瑞华．合作研发企业间知识共享的微观机制［J］．科学管理研究，2004（12）：71-74．

［101］李勇，张昇，杨秀苔，但斌，朱淘．供应链中制造商—供应商合作研发博弈模型［J］．系统工程学报，2005（2）：12-17．

［102］周小伟，黄建昌．韩国合作研发战略之鉴［J］．科学学与科学技术管理，2005（7）：49-54．

［103］司春林，段秉乾，钱桂生．供应链企业合作研发模式选择——宝钢大众激光拼焊项目案例分析［J］．研究与发展管理，2005（4）：77-82．

［104］王安宇．合作研发组织模式选择与治理机制研究［D］．上海：复旦大学，2003．

［105］吕军．企业知识创新研究［D］．武汉：武汉理工大学，

2003.

[106] 陈功玉，闵晓平．研究与开发投入的博弈分析［J］．数量经济技术经济研究，2002（5）：107-110.

[107] 张毅，张子刚，黄胜杰．关于 R&D 联合开发决策过程中的博弈分析［J］．华中科技大学学报，2003（7）：106-108.

[108] 王承哲．企业间合作绩效影响因素实证研究［D］．浙江：浙江大学，2005.

[109] 余光胜．一种新的企业理论——企业知识理论［J］．外国经济与管理，2000（2）：8-13.

[110] 黄泰岩，牛飞亮．西方企业网络理论评述［J］．经济学动态，1999（4）：63-67.

[111] 单雪寒．改善知识共享的组织因素分析［J］．企业经济，2003（1）：45-46.

[112] 文庭孝，周黎明，张洋，张蕊．知识不对称与知识共享机制研究［J］．情报理论与实践，2005（2）：125-128.

[113] 樊平军．论组织知识共享障碍及治疗［J］．科学管理研究，2003（12）：93-95.

[114] 宋建元，陈劲．企业隐性知识的共享方法与组织文化研究［J］．技术经济，2005（4）：27-30.

[115] 谭贤楚，肖昂．基于虚拟经营的知识共享行为研究［J］．现代管理科学，2004（1）：117-118.

[116] 宋建元，张钢．组织网络化中的知识共享——一个基于知识链的分析［J］．研究与发展管理，2004（8）：25-30.

[117] 彼得·圣吉．第五项修炼——学习型组织的艺术与务实［M］．郭进隆译．上海：上海三联书店，1994.

［118］谢泗薪，薛求知，周尚志．中国企业的全球学习模式研究［J］．南开管理评论，2003（3）：64-71.

［119］王宏起，刘希宋．高新技术企业战略联盟的组织学习及策略研究［J］．中国软科学，2004（3）：72-76.

［120］魏江，申军．产业集群学习模式和演进路径研究［J］．研究与发展管理，2003，15（2）：44-48.

［121］赵林捷，汤书昆．基于问题情境的虚拟企业学习模型［J］．研究与发展管理，2004，16（5）：26-32.

［122］彭灿．供应链中的知识流动与组织间学习［J］．科研管理，2004，25（3）：81-85.

［123］王永贵，张玉利，杨永恒等．对组织学习、核心竞争能力、战略柔性与企业竞争绩效的理论剖析与实证研究［J］．南开管理评论，2003（4）：54-60.

［124］芮明杰，胡金星，张良森．企业战略转型中组织学习的效用分析［J］．研究与发展管理，2005，17（2）：99-104.

［125］李再扬，杨少华．企业战略联盟理论的新发展：一个综述［J］．经济学家，2003（3）：99-103.

［126］郑文兵，李晓芬．企业应付变化的战略：渐进主义———一种基于组织学习的分析框架［J］．科研管理，2003，24（5）：128-132.

［127］王如富，徐金发，徐媛．知识管理的职能及其与组织学习的关系［J］．科研管理，1999，20（4）：80-84.

［128］康壮，樊治平．基于知识管理的敏捷组织学习二维度模型框架［J］．管理科学学报，2004，7（1）：45-52.

［129］林山，黄培伦．论组织创新的学习机制［J］．科学管理研究，2004，22（1）：23-27.

［130］张钢．企业组织创新过程中的学习机制及知识管理［J］．科研管理，1999，20（3）：40-45.

［131］周玉泉，李垣．组织学习、能力与创新方式选择关系研究［J］．科学学研究，2005，23（4）：525-530.

［132］芮明杰，吕毓芳．论领导行为、组织学习、创新与绩效间影响的实证研究［J］．上海管理科学，2005（2）：30-35.

［133］蔡雨阳，黄丽华，黄岩等．组织学习：影响因子和信息技术的冲击［J］．中国软科学，2000（10）：96-100.

［134］姜继忱．信息技术与企业组织学习系统的研究［J］．冶金信息导刊，2004（4）：35-37.

［135］马庆国，李艾．电子商务与企业信息化：组织学习效应实证研究［J］．管理工程学报，2004，18（2）：11-16.

［136］赵士英．显性知识与隐性知识的辩证关系［J］．自然辩证法研究，2001（10）：20-23.

［137］王冰．簇群的知识共享机制和信任机制［J］．外国经济与管理，2002（5）：2-7.

［138］张成洪等．协同商务环境下的知识共享框架［J］．复旦学报，2003（10）：756-759.

［139］汪应洛，李勖．知识的转移特性研究［J］．系统工程理论与实践，2002，22（10）：8-11.

［140］陈国权，郑红平．组织学习影响因素、学习能力与绩效关系的实证研究［J］．管理科学学报，2005，8（1）：48-61.

［141］谢洪明．市场导向、组织学习与组织绩效的关系研究［J］．科学学研究，2005，23（4）：517-524.

［142］罗慧，万迪，赵海峰．网络环境下组织学习测度的实证研

究［J］．系统工程理论与实践，2004（7）：46-52．

［143］李怀祖．管理研究方法论（第2版）［M］．西安：西安交通大学出版社，2004．

［144］吴价宝．组织学习能力测度［J］．中国管理科学，2003，11（4）：73-78．

［145］于培友，靖继鹏．企业战略联盟中的知识转移［J］．情报科学，2006（5）：758-761．

［146］唐炎华，石金涛．国外知识转移研究综述［J］．情报科学，2006（1）：153-160．

［147］徐金发，许强，顾惊雷．企业知识转移的情境分析模型［J］．科研管理，2003（3）：54-60．

［148］宋建元，陈劲．企业隐性知识的共享方法与组织文化研究［J］．技术经济，2005（4）：27-30．

［149］陈娟，王文平．知识型企业生命体智能单元间知识共享策略与激励措施研究［J］．东南大学学报（自然科学版），2004（4）：842-846．

［150］杜荣，赵雪松，全小梅．论知识共享与企业绩效的关系［J］．情报科学，2005（9）：1306-1309．

［151］汤建影，黄瑞华．研发联盟企业间知识共享影响因素的实证研究［J］．预测，2005（5）：20-25．

［152］陈志祥，罗澜，赵建军．激励策略对供需合作绩效影响的理论与实证研究［J］．计算机集成制造系统，2004（6）：677-683．

［153］Albino V，Garavelli A C，Schiuma G．Knowledge transfer and inter-firm relationships in industrial districts：The role of the leader firm［J］．Technovation，1999（19）：53-63．

［154］ Argryris C, Schon D. Organizational learning Ⅱ： Theory, method, and practice ［M］. Reading MA： Addison-Wesley, 1996.

［155］ Badaracco J L. The knowledge link： How firms compete through strategic alliances ［M］. Boston： Harvard Business School Press, 1991.

［156］ Baker W E, Sinkula J M. The synergistic effect of market orientation and learning orientation on organizational performance ［J］. Journal of the Academy of Marketing Science, 1999, 27 (4)： 411-428.

［157］ Balakrishnan S, Wernerfelt B. Technical change, competition and vertical integration ［J］. Strategic Management Journal, 1986 (7)： 347-359.

［158］ Banerjee S, Lin P. Vertical research joint ventures ［J］. International Journal of Industrial Organization, 2001 (19)： 285-302.

［159］ Barnad C I. The function of the executive ［M］. Cambridge： Harvard University Press, 1962.

［160］ Bettis R, Hitt M. The new competitive landscape ［J］. Strategic Management Journal, 1995 (16)： 7-19.

［161］ Bontis N, Crossan M M, Hulland J. Managing an organizational learning system by aligning stocks and flows ［J］. Journal of Management Studies, 2002, 39 (4)： 437-469.

［162］ Byounggu, Choi, Heeseok Lee. Knowledge management strategy and its link to knowledge creation process ［J］. Expert Systems with Applications, 2002 (23)： 173-187.

［163］ Chen C J. The effects of knowledge attribute, alliance characteristics, and absorptive capacity on knowledge transfer performance ［J］.

R&D Management, 2004, 34 (3): 311-321.

[164] Child, Dennis. Motivation and the dynamic calculus—A teachers' view [J]. Multivariate Behavioral Research, 1984, 19 (11): 288.

[165] Chung S, Singh H, Lee K. Complementary, status similarity and social capital as drivers of alliance formation [J]. Strategic Management Journal, 2000 (21): 1-22.

[166] Cohen W M, Levinthal D A. Absorptive capacity: A new perspective on learning and innovation [J]. Administrative Science Quarterly, 1990, 35 (1): 128-152.

[167] Crossan M M, Henry W, Lane and Roderice E. White. An organizational learning framework: From intuition to institution [J]. Academy of Management Review, 1999, 24 (3): 522-537.

[168] Cummings J L, Teng B S. Transferring R&D knowledge: The key factors affecting knowledge transfer success [J]. Journal of Engineering and Technology Management, 2003 (20): 39-68.

[169] Cyert, Richard M, Goodman and Paul S. Creating effective university-industry alliances: An organizational learning perspective [J]. Organizational Dynamics, 1997 (Spring).

[170] D' Aspremont C, Jacquemin A. Cooperative and non-cooperative R&D in duopoly with spillover [J]. American Economic Review, 1988 (78): 1133-1137.

[171] Dai Wanwen. Role of culture in organization learning processes, case studied on the real-dutch based multinational companies in China [D]. Maastricht School of Management, 2004.

[172] Doz Y L. The evolution of cooperation in strategic alliances:

Initial conditions or learning processes [J]. Strategic Management Journal, 1996 (17): 55-83.

[173] Dyer J H, Singh H. The relational view: Cooperative strategy and source of interorganization competitive advantage [J]. Academy of Management Review, 1998, 23 (4): 660-679.

[174] Dyer J H. Effective interfrim collaboration: How firms minimize transaction costs and maximize transaction value [J]. Strategic Management Journal, 1997 (18): 535-556.

[175] Dyer J H. Specialized supplier networks as a source of competitive advantage: Evidence from the auto industry [J]. Strategic Management Journal, 1996 (17): 271-291.

[176] Edmondson A, B Moingeon B. From organizational learning to the learning organization [J]. Journal of Management Learning, 1998, 29 (1): 5-20.

[177] Ewburry, William, Zeira, Yoram. Generic differences between equity international joint ventures (EIJVs), international acquisitions (IAs) and international greenfield investments (IG Is): Implications for parent companies [J]. Journal of World Business, 1997, 32 (Summer) Issue: 2.

[178] Fiol C, Marlene, Lyles and Marjorie A. Organizational learning [J]. Academy of Management Review, 1985, 10 (4): 803-813.

[179] Freeman C. Networks of innovators: A synthesis of research issues [J]. Research Policy, 1991 (20): 499-514.

[180] G P Huber. Organizational learning: The contributing processes and the literatures [J]. Organizational Science, 1991 (1): 88-106.

［181］ Gulati R. Does familiarity breed trust: The implications of repeated ties for contractual choice in alliances ［J］. Academy of Management Journal, 1995 (35): 85-112.

［182］ Gandal N, Scotchmer S. Coordinating research joint ventures ［J］. Journal of Public Economics, 1993 (51): 173-193.

［183］ Garud R, Nayyar P R. Transformative capability: Continual structuring by intertemporal technology transfer ［J］. Strategic Management Journal, 1994 (15): 365-395.

［184］ Gordon Walker, David Weber. A transaction cost approach to make-or-buy ［J］. Administrative Science Quarterly, 1984 (29): 373-391.

［185］ Granoveller M. Economic action and social structure: A theory of embedded ness ［J］. American Jourican of Sociologe, 1985, 91 (3): 481-510.

［186］ Grant R M. Prospering in dynamically-competitive environments: Organizational capability as knowledge integration ［J］. Organization Science, 1996, 7 (4): 375-387.

［187］ Greve H R. Performance, aspirations, and risky organizational change ［J］. Administrative Science Quarterly, 1998, 43 (4): 58-86.

［188］ Gupta A K, V Govindarajan. Knowledge flows and the structure of control within multinational corporations ［J］. The Academy of Management Review, 1991 (16): 768-792.

［189］ Gupta A K, Wilemon D. Changing patterns in industrial R&D management ［J］. Innovation Management, 1996 (13): 497-511.

［190］ Hamel G. Competition for competence and inter-partner learning within international strategic alliances [J] . Strategic Management Journal, 1991 (12): 83-103.

[191] Hamel G, Prahalad C K. Strategic intent [J] . Harvard Business Review, 1989, 67 (3): 63-76.

[192] Harold Z. , Daniel, et al. A model of value assessment in collaborative R&D programs [J] . Industrial Marketing Management, 2002 (31): 653-664.

[193] Hennart, Jean-Francois. A transaction costs theory of equity joint ventures [J] . Strategic Management Journal, 1988 (9): 361-374.

[194] Henri Jean-Marie Dou. Benchmarking R&D and companies through patent analysis using free databases and special software: A tool to improve innovative thinking [J] . World Patent Information, 2004 (26): 297-309.

[195] Hitt M A, Ireland R D, Lee H. Technological learning, knowledge management, firm growth and performance [J] . Journal of Engineering and Technology Management, 2000 (17): 231-246.

[196] Hoang H, F T Kothaermel. The effect of general and partner-specific alliance experience on joint R&D project performance [J] . Academy of Management Journal, 2005, 48 (2): 332-345.

[197] Holm D B, K Eriksson and J Johanson. Creating value through mutual commitment to business network relationships [J] . Strategic Management Journal, 1999 (20): 467-486.

[198] Huber G P. Organizational learning: The contributing processes and the literatures [J] . Organization Science, 1991 (2): 88-115.

[199] Hult G T M, O C Ferrell. Global organizational learning capacity

in purchasing construct and measurement [J]. Journal of Business Research, 1997 (40): 97-111.

[200] Inkpen A C. Learning, knowledge acquisition, and strategic alliances [J]. European Management Journal, 1998, 16 (2): 223-229.

[201] Inkpen A C. Learning through joint ventures: A framework of knowledge acquisition [J]. Journal of Management Studies, 2000, 51 (1): 1019-1043.

[202] John D Neill, Glenn M P feiffer, Candace E, Young Y Barra. Technology R&D alliances and firm value [J]. Journal of High Technology Management Research, 2001 (12): 227-237.

[203] John T, Melissa C. Strategic competency – the learning challenge1 [J]. Journal of Workplace Learning, 1997, 9 (5): 153-160.

[204] Kale P, J H Dyer and H Singh. Alliance capability, stock market response, and long-term alliance success: The role of the alliance function [J]. Strategic Management Journal, 2002 (23): 747-767.

[205] Kamine M I, Muller E and Zang I. Research joint venture and R&D cartels [J]. American Economic Review, 1992 (82): 1293-1306.

[206] Katz M. An analysis of cooperative research and development [J]. Rand Journal of Economics, 1986, 17 (Winter): 527-543.

[207] Khanna T, Gulati R and Nohria N. The dynamics of learning alliances: Competitive, cooperative, and relative scope [J]. Strategic Management Journal, 1998 (19): 193-210.

[208] Koght B. Joint ventures: Theoretical and empirical perspectives [J]. Strategic Management Journal, 1988 (9): 319-332.

[209] Kranzberg M. Technology: The history of techniques [J].

Techniques and Civilizations. Isis Philadelphia, 1989, 80 (303):563.

[210] Lambe C J, Spekman R E. Alliances, external technology acquisition, and discontinuous technological change [J]. Journal of Product Innovation Management, 1997 (14): 102-116.

[211] Levitt B, March J. Organization learning [J]. Annual Review of Sociology, 1988 (14): 319-340.

[212] Lin L H, Geng X J and Whinston A B. A sender-receiver framework for knowledge transfer [J]. MIS Quarterly, 2005, 29 (2): 197-219.

[213] Lowendahl B, Revang O. Challenges to existing strategy theory in a post industrial society [J]. Strategic Management Journal, 1998 (19): 755-773.

[214] Ljujiro Nonaka. Enabling knowledge creation [M]. New York: Oxford University Press, 2000.

[215] Lyles M A, Salk J E. Knowledge acquisition from foreign parents in IJVs [J]. Journal of International Business Studies, 1996 (Special Issues).

[216] Martin S. R&D joint ventures and tacit product market collusion [J]. European Journal of Political Economy, 1995 (11): 733-741.

[217] Millson M. Strategic partnering for developing new products [J]. Research & Technology Management, 1996 (May-June): 41-49.

[218] Moingeon B, Edmondson A. Organizational learning and Competitive Advantage [M]. London: Sage Publications, 1996.

[219] N Dixon. The organizational learning cycle: How we can learn collectively [M]. London: McGraw-Hill, 1994.

[220] Nelson R R, S G Winter. An evolutionary theory of economic change [M]. Cambridge, MA: Harvard University Press, 1982.

[221] Nonaka I. A dynamic theory of organizational knowledge creation [J]. Organization Science, 1994, 5 (1): 14-35.

[222] Nonaka I. The knowledge creating company [J]. Harvard Business Review, 1991 (November-December).

[223] Nonaka I, Takeuchi H. The knowledge - creating company [M]. Oxford: Oxford University Press, 1995.

[224] Nooteboom B, Berger H and Noorderhaven N G. Effects of trust and governance on relational risk [J]. Academy of Management Journal, 1997, 40 (2): 308-338.

[225] Nti K O, Kumar R. Differential learning in alliances [J]. Cooperative Strategy, 2000: 119-134.

[226] Park S O, Ungson G R. Interfirm rivalry and managerial complexity: A conceptual framework of alliance failure [J]. Organization Science, 2001, 12 (1): 37-39.

[227] Pfeefer J, P Nowak. Joint ventures and interorganizational interdependence [J]. Administrative Science Quarterly, 1976 (21): 398-418.

[228] Phan P H, Peridis T. Knowledge greation in strategic alliances: Another look at organizational learning [J]. Asia Pacific Journal of Management, 2000 (17): 201-222.

[229] Prahalad C K, Hamel G. The core competence of the corporation [J]. Harvard Business Review, 1990, 68 (3).

[230] Redding J C, R F Catalanello. Strategic readiness: The mak-

ing of the learning organization [M]. San Francisco: Jossey-Bass, 1994.

[231] Rosenkranz S. Innovation and cooperation under vertical product differentiation [J]. International Journal of Industrial Organization, 1995 (13): 1-22.

[232] Ryu C, Kim Y J, Chaudhury A and Rao H R. Knowledge acquisition via three learning processes in enterprise information portals: Learning-by-investment, learning-by-doing, and learning-from-others [J]. MIS Quarterly, 2005, 29 (2): 245-278.

[233] Seungwha Chunga, Gyeong M Kimb. Performance effects of partnership between manufacturers and suppliers for new product development: The supplier's standpoint [J]. Research Policy, 2003 (32): 587-603.

[234] Slater S, J C Narver. Market orientation and the learning organization [J]. Journal of Marketing, 1995 (59): 63-74.

[235] Simonin B L. The importance of collaborative know-how: An empirical test of the learning organization [J]. Academy of Management Journal, 1997, 40 (5): 1150-1174.

[236] Soon L L Ahn. A new program in cooperative research between academia and industry in orea, involving centers of excellence [J]. Technovation, 1995, 15 (4): 241-257.

[237] Szulanski G. Exploring internal stickiness: Impediments to the transfer of best practice within the firm [J]. Strategic Management Journal (Special Issue), 1996 (17): 27-44.

[238] Tidd J. From knowledge management to strategic competence: Measuring technological and organizational innovation [M]. London: Im-

perial College Press, 2000.

[239] Tushman M, Scanlon T J. Boundary – scanning individuals: Their role in information transfer and their antecedents [J]. Academy of Management Journal, 1981 (24): 289-305.

[240] Von Krogh G, Roos J. Five claims of knowing [J]. European Management Journal, 1996 (14): 423-426.

[241] Yukio Miyata. An analysis of cooperative R&D in the Unites States [J]. Technovation, 1996, 16 (3): 123-131.

[242] Yukio Miyata. An economic analysis of cooperative R&D in Japan [J]. Japan and the World Economy, 1995 (7): 329-345.

[243] Yeung A K, et al. Organizational learning capability [M]. Oxford: Oxford University Press, 1999.

[244] Yi Sang Seung. Entry, licensing and research joint ventures [J]. International Journal of Industrial Organization, 1999 (13): 1-22.

[245] Zollo Z, J J Reuer and H Singh. Interorganizational routines and performance in strategic alliances [J]. Organization Science, 2002, 13 (6): 701-713.